教育知库

四仁八德

张 旭 ——
主编

光明日报出版社

图书在版编目（CIP）数据

四仁八德 ／ 张旭主编．－－北京：光明日报出版社，
2022.7

ISBN 978－7－5194－6659－6

Ⅰ.①四… Ⅱ.①张… Ⅲ.①品德教育—中学—教材
Ⅳ.①G631.6

中国版本图书馆 CIP 数据核字（2022）第 100479 号

四仁八德

SIREN BADE

主　编：张　旭

责任编辑：刘兴华　　　　　　　　责任校对：阮书平
封面设计：中联华文　　　　　　　责任印制：曹　净

出版发行：光明日报出版社
地　　址：北京市西城区永安路 106 号，100050
电　　话：010－63169890（咨询），010－63131930（邮购）
传　　真：010－63131930
网　　址：http：∥book. gmw. cn
E － mail：gmrbcbs@ gmw. cn
法律顾问：北京市兰台律师事务所龚柳方律师

印　　刷：三河市华东印刷有限公司
装　　订：三河市华东印刷有限公司
本书如有破损、缺页、装订错误，请与本社联系调换，电话：010-63131930

开　　本：170mm×240mm
字　　数：96 千字　　　　　　　印　　张：10
版　　次：2022 年 7 月第 1 版　　印　　次：2022 年 7 月第 1 次印刷
书　　号：ISBN 978－7－5194－6659－6

定　　价：58.00 元

编委会

主　编：张　旭

副主编：廖穆明　卜阶辉

编　委：许储铭　钟善友　肖　媚

　　　　廖肖瑶　王强英　林家彩

　　　　陈焕富　许楚楠　罗家敬

　　　　刘伟玲　黄晓英　陈广雄

　　　　黄　宇　刘国俊

序 言

习近平总书记指出，当今的中国青年要有信念、有梦想、有奋斗、有奉献。新时代的青年要坚定信念，志存高远，以"四有"标准严格要求自己，争做时代的先锋，为国为民谋福祉。近年来，习近平总书记多次阐释教育的根本任务，为推进教育强国指明了方向。为党育才，为国育才，我们深刻认识到要为谁培养人；以树人为核心，以立德为根本，我们深刻认识到要如何培养人。立德树人，培养社会主义接班人，这是每一所学校的使命，也是每一位教育工作者的使命。

我校是一所百年老校，钟灵毓秀，人才辈出，具有深厚的文化底蕴。在学校百年华诞之际，廉中人认真总结过去的办学经验，确定了"仁德为本、传承创新、多元发展"的办学理念，明确了未来的发展思路。立德树人，五育德为首，育人先育德，德圣则圣。为了实现"办高品质学校，育高素质人才"的办学目标，全面落实立德树人的根本任务，我校推广"仁德教育"的育人模式，全力推进教育教学改革，阶段性成效显著。仁德教育是一个育人的系统工程，文化体系是其中的一个重要的组成部分。我校通过举办"春季书香节""夏季科技节""秋季敬师节""冬季艺术节"等校园文化活动，建设仁德广场和名人广场等校园景观，有效融合"四仁八德"，对学生进行传统美德教育。

作为校本教材，本书详细地阐释了"四仁八德"的含义，以便学生涵泳，以达到内显于心，外显于形的学习效果。"仁"分为仁善、仁爱、仁礼、仁助，谓之"四仁"；"德"分为孝德、忠德、诚德、信德、勤德、俭德、恕德、廉德，谓之"八德"，合称"四仁八德"。一名中学生接受了"四仁八德"教育，心灵得到洗涤，灵魂得到净化，自有文质彬彬之气，品行自有造化。

至于编写体例，每章统一为寻根释义、时代意义、仁德名言、仁德佳话、思考探究五大板块。各章体例统一，既便于编写，又利于教学。书中的内容，一方面传承优秀的传统文化，另一方面立足新时代，说明践行"仁德教育"的依据和意义，体现了传承创新的理念。本书的编写过程，语文组许储铭等多位老师付出了不少心血，在此一并感谢。

教育兴则国家兴，教育强则国家强。仁德育人，不让一个孩子掉队，不准一颗心灵受污染。但愿每一个廉中学子都能够很好地弘扬传统美德，立志成才，为民族复兴贡献力量。

张旭

2021 年 10 月

目 录
CONTENTS

四仁八德 ·· 1

仁 善 ·· 3

仁 爱 ·· 11

仁 礼 ·· 19

仁 助 ·· 28

孝 德 ·· 35

忠 德 ·· 42

诚 德 ·· 50

信 德 ·· 57

勤 德 ·· 65

俭 德 ·· 72

恕 德 ·· 80

廉 德 ·· 88

廉中八景 ·· 95

仁德广场 ·· 113

唐诗园 ··· 131

名人广场 ·· 141

四仁八德

仁　善

寻根释义

仁善，即仁爱善良。《史记·外戚世家》："代王立十七年，高后崩。大臣议立后，疾外家吕氏强，皆称薄氏仁善，故迎代王，立为孝文皇帝"。"仁善"一词由此传于后世。

"仁"是中国儒家文化的核心所在，是传统文人修己安人的思想立足点。何为仁？据《论语》记载，仁者爱人，克己复礼为仁，杀身成仁，这些都是"仁"的表现，是"仁"最具体的诠释。一般认为，孔子把"仁"作为最高的道德原则、道德标准和道德境界。"善"最早见于金文。其本义是像羊一样说话，有吉祥美好之义。许慎《说文解字》："善，吉也"。《孟子·告子上》："人性之善也，犹水之就下也。"孟子认为，人的善良体现在恻隐之心、羞恶之心、恭敬之心、是非之心，所谓"仁义礼智非由外铄我也，我固有之也"。"仁善"作为一个复合概念，"仁"是思想根基，"善"是行为表现，"仁善"泛指一切仁爱善良的人类活动。

时代意义

仁善是传统文人雅士立德修身的重要内容，修仁向善在当今社会具有重要意义。友善，是社会主义核心价值观一项重要内容，是做人做事的一项重要准则。从本质上看，友善继承了中国传统的仁善思想，是仁善思想在新时代的创新表达。

心怀善意，关爱他人，与人和谐，这是中华民族的传统美德，既符合人类命运共同体的发展方向，又符合社会主义核心价值观的要求，有利于构建和谐社会。《论语·季氏》："见善如不及，见不善如探汤。"见到善就好像赶不上似的，见到不善就要像用手试沸水一样赶快躲开。这告诉人们要多做善事，极力回避丑恶的现象。《老子》："上善若水，水善利万物而不争。"真正善良的人，就应该像水一样，水造福万物，滋养万物，却不与万物争高下。高境界的善行是不求回报的，这种观点为后世称道。总的来说，仁善是一种人生境界，是一种修养大成的表现。从个人理想的角度看，"善"要求每个人胸怀天下，以振兴中华民族为己任，追求较高层次的人生境界；从个人行为的角度看，"善"要求每个人心怀善意，多做善事，从自己做起，从身边做起，追求一种以奉献为美的生活方式。"善"不仅是个人的一种美德，更是一种社会责任与使命担当。

2014年1月14日，习近平在第十八届中央纪律检查委员会第三次全体会议上的讲话，引用"见善如不及，见不善如探汤"，告诫领导干部要心存敬畏，不要心存侥幸。

仁德名言

1. 里仁为美，择不处仁，焉得知？（《论语》）

2. 仁为万善本，贪是诸恶根。（史襄哉《中华谚海》）

3. 仁者，无敌于天下。（《孟子》）

4. 仁者安仁，知者利仁。（《论语》）

5. 仁远乎哉？我欲仁，斯仁至矣。（《论语》）

6. 君子莫大乎与人为善。（《孟子》）

7. 以爱己之心爱人，则尽仁。（张载《正蒙·中正》）

8. 人而不仁，如礼何？人而不仁，如乐何？（《论语》）

9. 仁者爱人，有礼者敬人。（《孟子》）

仁德佳话

子罕借粮

人物简介：乐喜，字子罕，春秋时期宋国贤臣。于宋平公时任司城，主管建筑等，位列六卿。

鲁襄公十七年，宋国的皇国父要为宋平公建造一座高台，这妨碍了农业收割，但大家都不敢上言劝阻。子罕看到百姓的苦衷，不顾个人安危，上言陈述建造高台害大于利，请求在农事完毕以后再建造。虽然未得到应允，但子罕一心为公、敢于直言的品格为百姓所钦佩。

有一年，郑国发生饥荒，而麦子还未收割，老百姓困苦不堪。担任上卿的子皮根据父亲子展的遗命，给国内的人分发粮食，每户一钟，让郑国人熬过了难关。子皮也得到了郑国百姓的极大拥护。子罕听说这件事后，对此大加赞赏："多做善事，爱惜百姓，这是百姓所希望的，也自然会得到百姓的拥护。"

后来，宋国也发生了饥荒，子罕请示宋平公，要求拿出公室的粮食借给百姓，让大夫们也把粮食借出来。子罕自己的家族借粮食给别人，不写借据，也不用别人还，同时还以那些缺乏粮食的大夫的名义，借给百姓粮食，让百姓顺利渡过了难关。

晋国的叔向认为，子罕以其他大夫的名义施舍，是想树立自己的德望名声。这句话传到子罕那里，他却毫不在意，只是笑笑说道："我借给百姓粮食，是想让百姓渡过难关，救人如救火，我只是尽职尽力而已，可从未考虑这么多。"

《老子》："上善若水，水善利万物而不争。"子罕就是这样一个上善之人，一心为民做善事，而不求回报。

裴度还玉

人物简介：裴度，字中立，汉族，河东闻喜（今山西闻喜东北）人。唐代中期杰出的政治家、文学家。

常言道，莫以恶小而为之，莫以善小而不为。裴度的故事就是最好的诠释。

裴度是唐朝中书令晋国公，他长得又瘦又小，别人说他没有贵相，他也颇为疑惑。当时有个相面的人很出名，裴度拜访了他，那人说："郎君你的形神与别人不同。现在我还看不出来，可再过些天来访，我给你细细看看。"裴度应允了。

有一天，他去游览香山寺，看见一个穿素衣的妇女，拿着提袋，祈祷了很长时间，拜谢之后就离去了。裴度才看见她掉了提袋，想追上拿给她，可来不及了，他就拿着提袋等她回来寻找。但太阳落山了，仍不见那妇人回来，裴度就带着它回了旅馆。

第二天早晨，裴度带着提袋去香山寺，寺门刚开，那个妇女就急急忙忙跑来，一脸的茫然失措。裴度上去问她。那妇女说："我的父亲病重，家产都变卖了。我借了亲戚一条玉带，准备典押借款，做医药费。昨日行经此寺，弄丢了。"裴度仔细追问那东西的颜色，她都说对了，裴度就将提袋还给了她，那妇女哭着拜谢。

不久，裴度回到相面人那里，相面人审看之后，惊叹说："你一定做了善事，积了大德，前途不可限量！"果然，裴度后来成为一位名臣。裴度只是因为做了这一件事就改变了命运吗？当然不是。当"善"成为一种习惯，人的格局也会随之变化。

仲淹捐宅

人物简介：范仲淹，字希文。祖籍邠州，后移居苏州吴县。北宋杰出的思想家、政治家、文学家。

先天下之忧而忧，后天下之乐而乐。这种以民为先的思想，既是范仲淹身为政治家所坚持的理念，也是他作为慈善家所追求的大德。

范仲淹在卧龙街买了一块地，准备建宅居住。有人对他说："卧龙街是块风水宝地，在这里修建宅院，必定子孙兴旺，卿相不断，有享不尽的荣华富贵。"范仲淹听后却说："与其让我范家一个家族荣华富贵，不如让这里多出人才，让大家一起荣华富贵。"他便把这块地捐了出去，修建了苏州文庙，还请大教育家胡瑗来教学，为当地培养人才。当时庙学合一，苏州文庙成为书声琅琅的"公立学校"。明清时，苏州文庙被誉为"江南学府之冠"。

范仲淹捐地办学后，苏州文脉流转，崇文尚德，先后出了38名文状元，成为名副其实的"状元之府"。范仲淹的儿子个个德才兼备，官至宰相、尚书和侍郎。其后世子孙，很多贤达显贵。苏州一带的范氏后人绵延不绝，至今已近千年，依然兴旺。后来，苏州又出了100多名院士，是著名的"院士之乡"。

如果世间真有风水，那么最大的风水是人心，最好的风水是善良。正如《周易》中所说："积善之家，必有余庆；积不善之家，必有余殃。"

思考探究

1. 现实生活中，你认为有哪些"善"与"不善"的现象？请举例说明。

2. 要成为"上善"之人，你认为应该怎么做？请结合实际谈谈想法。

3. 搜集当今社会"仁善"的事迹，分析其中人物的特点。

仁　爱

寻根释义

仁爱，谓宽仁慈爱；爱护、同情之意。语出《淮南子·修务训》："尧立孝慈仁爱，使民如子弟。"《史记·袁盎列传》："仁爱士卒，士卒皆争为死。"后来儒家创始人孔子理解仁爱之意为"樊迟问仁，子曰：爱人"。（《论语·颜渊》）

仁爱思想在我国源远流长，是中国传统文化尤其是儒家思想的核心与精髓。在《说文解字》中，"仁"字的意思是"亲也。从人从二"。（徐铉、句中正、葛湍、王惟恭注；臣铉等曰：仁者兼爱，故从二。）"爱"字的意思是加惠于人之意，亦即怀福人之心，有利人之行，可理解为恩惠、仁爱曰爱。如"达人兼善、废己存爱"。（《袁宏·多臣赞》）何为"仁爱"？孔子认为："孝悌也者，其为仁之本欤！"（《论语·学而》）

他以孝悌作为践行仁的根本，从孝顺父母、友爱兄妹逐渐扩大到爱所有人。孟子提出"亲亲而仁民，仁民而爱物"，他把爱的范围从人到物，对亲人、社会、国家和物保持一种爱。荀子明确提出"仁爱始于自爱""爱则利之"，他认为要先爱己，使自己达到自我身心和谐的状态，那就会更好地使自己和他人受益。总的来说，"仁爱"思想内涵丰富，可以简单理解为人与人相互友爱、互助、同情等。

时代意义

"仁爱"思想蕴含着丰富的人文精神，充满着强烈的人文关怀和现实感，与社会主义核心价值观有着高度的契合之处，为社会主义核心价值观提供了丰厚的价值源泉。

从自身看，"仁爱"思想要求我们爱人爱社会，以礼从身，注重个人内心品德的培养。"为仁由己""吾日三省吾身""内省不疚"，这些都要求从自身出发，反思自己，同时要学会自律，自我约束而不放纵，维护礼仪而保全大局。从社会看，"仁义礼智信，恭宽信敏惠"等思想，作为超越历史与时代的价值观，植根于日常生活，可以在社会实践活动中践行并成为我们的基本遵循。"己所不欲，勿施于人"的忠恕之道，告诉我们应该学会换位思考由己及人；"己欲立而立人，己欲达而达人"的博济之道，教育我们应该学会同舟共济乐于助人；与人交往言而有信遵守诚信之道，告诫我们时刻谨记待人以诚、恪守诚信。仁爱思想推动我们由知向行的转换，提升个人修养，净化社会风气，形成珍爱自我、尊重他人、关心社会、关心集体、关心国家的良好风气，最终铸就自立于世界民族之林的中国精神。

2015 年 11 月 27 日，习近平总书记《在中央扶贫开发工作会议上的讲话》："守望相助、扶危济困是中华民族的传统美德。" 2019 年 2 月 17 日，《元宵节将至，听习近平讲传统美德》中习近平总书记把中华优秀传统文化的时代价值概括为"讲仁爱、重民本、守诚信、崇正义、尚和合、求大同"六个方面。可见，仁爱思想在现代社会具有举足轻重的意义。

仁德名言

1. 以爱己之心爱人，则尽仁。（张载《正蒙·中正》）

2. 仁者爱人，有礼者敬人。（《孟子》）

3. 爱亲者，不敢恶于人；敬亲者，不敢慢于人。（《孝经·天子章》）

4. 泛爱众，而亲仁。有余力，则学文。（《弟子规》）

5. 爱而知其恶，憎而知其善。（《礼记·曲礼上》）

6. 君子成人之美，不成人之恶。（《论语·颜渊》）

7. 爱人利物之谓仁。（《庄子》）

8. 仁也以博爱为本。(清·康有为)

9. 仁者谓其中心欣然爱人也。(《韩非子》)

仁德佳话

仁爱治国

　　人物简介：姜太公，本名姜尚，姜姓，字子牙，曾被封于吕地，故又称吕尚，被尊称为太公望。中国历史上享有盛名的政治家、军事家和谋略家。

　　殷商末年，在渭河流域的姬姓周部落逐渐强大起来，首领周武王姬发正在积极策划灭商。他继承父亲文王遗志，重用姜尚等人，使国力增强。

　　一次，周武王问他的太师姜太公："怎样才能把国家治理好？"姜太公回答得很明白："治理好国家的根本办法，就是要爱人，爱护老百姓。"武王进一步追问："怎样才算爱护老百姓呢？"

　　姜太公回答说："要有利于他们，而不要侵害他们，要帮助他们成功，而而不要使他们失败，要使他们活下去，而不要杀害他们；要给他们东西，而不要夺他们的东西；要使他们快活，不要使他们受害；要使他们喜欢，而不要使他们发怒。这就是治国的根本办法。会治理国家的人，对待百姓，一定像父母爱护子女、哥哥爱护弟弟一样，听到他们吃不饱、穿不暖，就为他们悲伤；看到他们劳苦，就为他们难受。"周武王十分赞同姜太公这番话，后来他励精图治，果然周国日益强盛。

姜太公这种爱人是治理好国家的根本思想，体现仁爱思想里的"仁者爱人"。孔子在《礼记》中特别阐述"爱人之仁"的重要地位与核心价值，他认为"古之为政，爱人为大；所以治爱人，礼为大；所以治礼，敬为大；敬之至矣，大昏为大。爱与敬，其政之本与！"周武王正是这种爱的思想，让他成为了西周王朝的开国君主。

郗公含哺

人物简介：郗鉴，字道徽。高平郡金乡县（今山东省金乡县）人。东晋重臣、书法家，东汉御史大夫郗虑玄孙。

晋朝官员郗公（郗鉴）在永嘉之乱时，避居乡下，很穷困，甚至要挨饿。乡人尊敬郗公的名望德行，就轮流给他做饭吃。郗公带着侄子郗迈和外甥周翼一起去吃饭，乡人告诉他，现在大家都很穷困，如果加上两个孩子，恐怕就不能一同养活了。孔子说："不患人之不己知，患不知人也。"（《论语·学而》）郗公理解乡人，此后，他就一个人去吃饭，并把饭含在两颊旁，回来后吐给俩孩子吃，两个孩子因此活了下来。这就是著名的"郗公含哺"。郗公去世时，他的外甥周翼任剡县令，他辞职回家，在郗公灵床前铺了草垫，为郗公守丧三年。

乡人爱郗公，郗公爱孩子，他们用自己的行动阐释了"由己及人"的仁爱思想。孟子说："爱人者，人恒爱之；敬人者，人恒敬之。"（《孟子·离娄章句下》）指爱别人的人，别人也永远爱他；尊敬别人的人，别人也永远尊敬他。郗公正是这种仁爱的思想，赢得世人的尊敬。

仁爱商人

人物简介：乔致庸，字仲登，祁县人，乔家第三代。他出身商贾世家，自幼父母双亡，由兄长抚育，刚考中秀才，兄长故去，只得弃文从商。

清朝末期，山西有一位颇具美名的商人，名叫乔致庸。乔家门前常年拴着三头牛，谁家要用，只需招呼一声，便可借去使用一天；每年春节前夕，乔家大门洞开，乔致庸会拉出一辆满载米、面、肉的板车，谁家缺吃的，只要在门口招招手，便可随意取用。

有一年，年成不好，到处都在闹饥荒。所有的商户都紧闭大门，唯恐灾民闯进来抢了自己的粮食和钱财，而乔致庸却带着家丁搭粥棚，熬粥救济灾民。为了节约粮食，他们一家人也与灾民同锅喝粥。但即便如此，搭棚赠粥还是耗资巨大，差点让乔致庸倾家荡产。

当地的另一个大富商何员外则不同，他赚钱不择手段，豢养了一大群打手帮他经营烟馆、赌场，坏事做尽，百姓们恨得牙痒痒，却拿他没办法。不过，这个做了无数缺德事，坑害了无数老百姓，攫取了无数不义之财的何员外也没过上舒心的日子——他的独生子在自家烟馆里染上了毒瘾，拖垮了身子，疾病缠身，年纪轻轻就撒手人寰，留下何员外孤独终老。

而乔致庸呢，他怀着一颗仁爱之心，帮助别人，让他有了许多忠心伙计。无论是多么危难的时刻，这些伙计都不离不弃，和他们全家人一起经风历雨，出生入死，结成了团结友爱的大家庭，过着幸福而充实的日子。

乔致庸懂得为他人奉献自己的一份力量，做到仁爱思想里的"己欲立而立人，己欲达而达人"。孔子主张"博施于民而能济众"（《论语·雍也》），就是要懂得为他人奉献自己的一份微薄之力。乔致庸以一颗仁爱之心，为他人奉献了自己的力量，也成就了自己，他后来有资本修建著名的乔家大院，被专家学者誉为"清代北方民居建筑的一颗明珠"。

思考探究

1. 作为一名中学生，你怎样理解"仁爱"的内涵？
2. 作为一名中学生，你在生活中该怎样践行仁爱？
3. 搜集当今社会"仁爱"的事迹，分析人物特点。

仁 礼

寻根释义

仁礼，即仁爱礼制。在古籍里常称"礼"。包含典章规范、辞让谦恭、廉耻荣辱、自立和谐方面内容。《赣州书示四侄正思等》："尔辈须以仁礼存心，以孝弟为本，以圣贤自期，务在光前裕后，斯可矣。"王阳明劝人存仁礼之心处世。

仁礼是中国古代社会政治制度和道德规范的纲领。《礼记·冠义》里说："凡人之所以为人者，礼义也。"《礼记·曲礼》里说："鹦鹉能言，不离飞鸟。猩猩能言，不离禽兽。今人而无礼，虽能言，不亦禽兽之心乎？夫唯禽兽无礼，故父子聚麀。是故圣人作，为礼以教人，知自别于禽兽。"这两处的"礼"已是人类区别于禽兽、区别于野蛮的标志。《礼记·礼运》："夫礼必本于天，动而之地，列而之事，变而从事，协于分艺。"《礼记·典礼》里说："道德仁义，非礼不成；教训正俗，非礼不备；分争辩讼，非讼不决；君臣上下，父子兄弟，非礼不定；宦学事师，非礼不亲；班朝、治军、莅官、行法，非礼威严不行；祈祷祭祀，供给鬼神，非礼不成不庄。"这些语句说明"礼仪"是当时社会很多活动的准则，具有制度化、系统化的特征，具备法的性质和作用。《论语·尧曰篇》；"不知礼，无以立也。""非礼勿视，非礼勿听，非礼勿言，非礼勿动。"是说人不懂礼义，不能立足于社会，不符合仁礼的言行举止不能做，突出仁礼于人在社会的指导性地位。所以，仁礼应该是个综合概念，是儒家思想体系的重要组成部分，包含社会秩序和礼仪章典规范、个人立身处世的辞让谦恭、廉耻荣辱、自立和谐等方面内容。

时代意义

仁礼是古代社会政治制度和个人行为规范的约束，给了人们在多种场合的行立、坐卧、言默、举止及与人交往等方面礼仪规范。在经济高速发展的今天，仁礼对加强社会公序良俗、构建文明和谐社会有重要意义。

仁礼在个人外在形象塑造、内在品行修炼方面，给了人们比较具体的指导和方法指引。例如，《礼记·典礼》"游毋倨，立毋跛，坐毋箕"，走路不要很傲慢的样子，站立时要正直，不要斜靠，坐着不能把腿叉开。也就是说走路时眼睛应平视，头要端正。"毋侧听，毋嗷应，毋淫视，毋怠荒。"不能侧脸听长辈说话，别人跟你说话要正脸相对，不能用难听的号叫的声音回应长辈；对人要正视不能斜视也不能东张西望；做事要有始有终，不能做一半就放下。"夫为人子者，出必告，反必面，所游必有常，所习必有业。"为人子女的，离家出门必告知父母；办完事回到家，也必须面告父母，让他们知道自己已经回来，以免父母牵挂；出游一定要有个常去的地方；学习也要有个固定的方向。这些动作细节给了人们切实具体的指导。又如，《论语·颜渊》里颜渊问仁，孔子说"克己复礼为仁。一日克己复礼，天下归仁焉。为仁由己，而由人乎哉?"要达成儒家的核心"仁"，就要克制自己的欲望恢复到礼仪上来，践行仁礼要由自己亲自实行不能由别人代替。《孟子·离娄上》"言非礼义谓之自暴也，吾身不能居仁由义，谓之自弃也。"言语不符合礼仪就是破坏礼仪，不用礼仪仁义来要求自己的言行，就是自损形象、自暴自弃。仁礼对中华民族的国民素质修养起了重要作用。

仁礼对社会公德秩序、行业道德建设起着重要作用，推动社会向礼崇德。从《左传》"礼，经国家，定社稷，序人民，利后嗣者也"的语句可得到印证。用礼制来治理国家，有利于安定社会，维持公民秩序，有利于造福子孙后代。《论语·为政》："道之以德，齐之以礼，有耻且格。"用礼制引导百姓，同化归顺百姓，百姓自会有羞耻之心，治理国家就会容易得多。《礼记·解经》："夫礼，禁乱之所由生，犹坊止水之所自来也。故以旧坊为无所用而坏之者，必有水败；以旧礼为无所用而去之者，必有乱患。"仁礼是可以像堤坝防水一样防止国家动乱的，认为礼制没有用而废除礼制的国家，必定会有动荡祸患。

2014 年 9 月 28 日，习近平《在中央民族工作会议上的讲话》中引用"修其教不易其俗，齐其政不易其宜"，阐明对民众的管理，尤其是少数民族的管理，主张齐政修教、因礼俗而治，这不仅有效维持了国家的长期统一，也使得民族地区繁衍出多彩的民族文化。

仁德名言

1. 人而不仁，如礼何？（《论语》）
2. 礼以行之，孙以出之，信以成之。（《论语·卫灵公》）
3. 子以仁存心，以礼存心。（《孟子·离娄下》）
4. 道之以德，齐之以礼，有耻且格。（《论语·为政》）
5. 恭而无礼则劳，慎而无礼则葸，勇而无礼则乱，直而无

礼则绞。(《论语·第八章·泰伯篇》)

6. 礼有经，亦有权。(清·吴敬梓《儒林外史》)

7. 既能成人，而又加之以仁义礼乐，成人之行也，若乃穷神知礼，德之盛也。(《论语》)

8. 仁者爱人，有礼者敬人。(《孟子·离娄下》)

仁德佳话

千里鹅毛

人物简介：缅伯高，西域回纥国人，外交使者。曾在唐朝贞观年间到访唐朝。善言辞，为人随机应变。

"千里送鹅毛"的故事发生在唐朝。当时，唐朝强盛，西北一少数民族的首领为表示对唐王朝的拥戴，派特使缅伯高向唐太宗贡献天鹅。

缅伯高领命前往唐朝国都长安，途中路过沔阳河时，缅伯高见天鹅的羽毛有尘土，就把天鹅从笼子里放出来，想给它洗个澡。不料，天鹅奋力展翅飞向高空。缅伯高忙伸手去捉，只扯得几根鹅毛，天鹅飞走了。缅伯高急得捶胸顿足，号啕大哭。随从们劝他说："天鹅已经飞走了，哭也没有用，还是想想补救的方法吧。"

缅伯高冷静一想，确实只能另想办法了。可是，人已快到长安，远离回纥，回国去取礼物已不现实，送什么给唐太宗才能说明首领是真诚想送天鹅给唐太宗呢？缅伯高灵机一动，有了主意。

到了长安，缅伯高拜见唐太宗，并献上礼物。唐太宗见礼物是一个精致的绸缎小包，便令人打开，看到几根鹅毛和一首小诗。诗曰："天鹅贡唐朝，山高路途遥。沔阳河失宝，倒地哭号啕。上复圣天子，可饶缅伯高。礼轻情意重，千里送鹅毛。"唐太宗莫名其妙，缅伯高随即讲出事情原委。唐太宗没有责怪缅伯高，连声说："难能可贵！难能可贵！千里送鹅毛，礼轻情意重！"

缅伯高送鹅毛的故事体现着送礼之人真诚和讲信用的可贵美德。今天，人们用"千里送鹅毛（鸿毛）"比喻"送出的礼物单薄但情意却异常浓厚"的意思。

曾子避席

人物简介：曾子，姒姓，曾氏，名参，字子舆，鲁国南武城人。春秋末年思想家，孔子晚年弟子之

24

一，儒家学派的重要代表人物，夏禹后代。

曾子是孔子的弟子，有一次他在孔子身边侍坐，孔子问他："以前的圣贤之王有至高无上的德行、精要奥妙的理论，用来教导天下之人，使人们能和睦相处，君王和臣下之间没有不满，你知道那是什么吗？"

好学的曾子一听，那正是自己想要了解的知识。于是他立刻从坐着的席子上站起来，走到席子外面，恭恭敬敬地回答道："我不够聪明，不懂得这些知识，恳请老师把这些道理教给我。"

孔子赞赏曾子的好学和言行有礼的态度，就把君臣之义、上下之序、和谐之道一一教给曾子。

曾子站到席外听教的做法提示我们：在预感别人教导我们的时候，我们应该站起来恭恭敬敬地听从教诲。这是表达敬意的基本礼节。

程门立雪

人物简介：程颢，字伯淳，号明道，世称"明道先生"。河南府洛阳人。北宋理学家、教育家，理学的奠基者，"洛学"代表人物。

　　杨时是北宋时期的才子，中了进士后，他放弃做官，继续求学，登门向当时有名气的文学家学习。

　　程颢、程颐兄弟俩是当时很有名望的大学问家、哲学家、教育学，创有世称"程朱学派"的学说。杨时仰慕二程的学识，不远千里投奔洛阳程颢门下，拜师求学，四年后程颢去世，他又继续拜程颐为师。那时他年已四十，仍尊师如故，刻苦学习。

　　一天，大雪纷飞，杨时碰到疑难问题，便冒着凛冽的寒风、顶着大雪，约同学游酢一同前往老师家求教。他们来到老师家庭院，从窗外看见老师面前摆放着书本和一沓未完篇的手稿，但老师坐在椅子上睡着了，游酢伸手推门想进去，杨时阻止他，并解释说："看老师面前厚厚的手稿，料想老师连续读写了好长时间，累倒在椅子上睡着了，若我们此时推门进去，会很贸然，而且打扰老师休息，不符合礼节。我们还是在门外候着吧。"杨时就静静地侍立门外等候。当老师一觉醒来，杨时的脚下已积雪一尺深，身上飘满了雪，脸冻得发紫。老师忙把杨时、游酢两人请进屋去，让他们烤火，为他们讲学。

　　后来，杨时的"程门立雪"成了广为流传的尊师礼仪教育典范，激励学子不怕困难、热诚专注求学。

思考探究

1. 现实生活中，"仁礼"有众多细微的行为规范，请举例说说"仁礼"的规范和具体要求。

2. 要成为"仁礼"之人，你认为应该怎么做？请结合具体的人物和情境谈谈想法。

3. 搜集当今社会奉行"仁礼"的人物事迹，分析其中的理论和行为准则。

仁　助

寻根释义

仁助，即仁善乐助，乐于助人。本文仁助是由随缘乐助和助人为乐中取义，帮助他人时要有仁慈之心，要注意配合好受助人，考虑受助人的感受，保护受助者的尊严和人格，注意方式方法。

"仁"是中国儒家文化的核心所在，何为仁？据《论语》记载：仁者爱人。一般认为，孔子把"仁"作为最高的道德原则、道德标准和道德境界。"助"最早本义：祖先神灵赐予力量。现在本义已经消失不用，现在主要有引申义：支援、配合、促进、支助。在遇到别人需要帮助的时候就会动怜悯之心、恻隐之心，从而有一种动力去做点力所能及的事情。而"随缘乐助"出自清代黄小配《廿载繁华梦》第二十九回：

"这都是随缘乐助，本不能强人所难的，或多或少，却是未定，总求大人这里踊跃些便是"。而"助人为乐"则是出自冰心的《咱们的五个孩子》："在我们的新社会里，这种助人为乐的新风尚，可以说是天天在发生，处处在发生。"

时代意义

乐善好施，助人为乐，是中国人民的传统美德。助人为乐蕴含着一种超越时空、具有永恒性质的大爱，只要人类社会需要爱，这种精神品质就具有永恒的性质。把人当作目的是先天存在于每个人心中的道德法则，帮助他人或助人为乐符合人性中的道德法则，对于任何时代的任何民族、任何国家、任何人都具有普遍有效性。

助人为乐的精神深刻反映了人的道德本性，蕴含着超越一切时空限制而成为各个时代人们信仰的道德实践原则。古代有英雄的劫富济贫，有侠客的路见不平拔刀相助。助人为乐是共产主义世界观的体现。在闻名世界的二万五千里长征途中，有许多战士把仅有的粮食、药品，甚至生存的希望让给了战友，把饥饿、苦难和死亡的威胁留给了自己。这就是红军战士在关键时刻帮助别人。20 世纪 50 年代后，社会上助人为乐的风尚大大发扬，不论地区、亲疏、性别、年龄，一人患难，众人相帮。救人、施衣、施药、施粥等尽可能为难者排忧解难。

邓小平《在全国教育工作会议上的讲话》:"我们要大力在青少年中提倡勤奋好学、遵守纪律、热爱劳动、助人为乐、艰苦奋斗、英勇对敌的革命风尚。"习近平总书记也多次提出,全社会应该有"待人友善、乐于助人、勇于奉献"等良好的品质和道德素质修养。

仁德名言

1. 辅车相依,唇亡齿寒。(《左传·僖公五年》)

2. 每有患急,先人后己。(陈寿《三国志·蜀志》)

3. 好事须相让,恶事莫相推。(王梵志《全唐诗补逸》)

4. 病人之病,忧人之忧。(白居易《策林》)

5. 路见不平,拔刀相助。(马致远《陈情高卧》)

6. 君子贵人贱己,先人而后己。(《礼记·访记》)

仁德佳话

雪中送炭

人物简介:楚怀王熊槐,曾破格任用屈原等人进行改革,楚国成了当时世界上最大的国家,后期误信张仪，毁掉齐楚联盟，国土沦落，楚国从鼎盛走向衰亡。

　　战国时期，有一年冬天，楚国到处都下起了鹅毛般的大雪，天寒地冻的。身处皇宫的楚怀王感到很冷，就命人在宫殿的各个角落都点上了火炉，并将火烧得旺旺的。可是，即使楚怀王穿上了厚厚的皮毛大袄，身旁有着许多的暖炉可以取暖，他也依然感到十分寒冷，手脚冰凉浑身打战。

　　他望着窗外纷飞的雪花，突然之间陷入了沉思，他由自己的处境想到了百姓，此时他惦记着皇宫外的臣民们："我即便把炉火点得这么旺，穿上了最厚、最保暖的棉袄，依然是如此地寒冷。那我的那些臣民们呢？说不定有些穷苦的百姓现在还需要在户外劳作呢？他们既没有炉火可以取暖，也没有厚厚的棉袄可以保暖，这个冬天该如何度过呢？"

　　此时的他想到了自己作为君王，肩上所负的责任，思索了好久，最后他颁布了指令：楚国所有贫困的百姓以及到楚国来游历的人们，都可以得到免费提供的煤炭。就这样，贫困的百姓们得到了楚王送来的煤炭，得以平安地度过了这个寒冷的冬天。人们对楚王的行为十分感动，纷纷称赞他是一位难得的好君主。

　　作为君主，此时的楚怀王是无私的，以己度人，急人之所急，给予需要帮助的人关怀与体恤，站在受助者的角度去思考问题，他把百姓的苦乐和意愿融为一体。有这样的君主确实是百姓之福。于是，留下"雪中送炭"的历史佳话。

助人卖扇

人物简介：王羲之，东晋时期著名书法家，有"书圣"之称，代表作《兰亭序》被誉为"天下第一行书"。在书法史上，他与其子王献之合称为"二王"。

王羲之是有名的大书法家，但是他不轻易给别人写字。王羲之曾经见到一个卖六角竹扇的老妇人，她正吃力地叫卖，天气还不是很热，但是她已经满头大汗，尽管这样，还是没有顾客。她的扇子可能是卖了很久都卖不出去，有些扇子已经发霉了。王羲之停住脚步，顿时心生同情。他走上前去，拿过一把扇子，顺便问："老人家，您今天看起来很累，应该回家休息……"老妇人告诉他，她们家等着她卖扇的钱买米下锅。闲聊片刻，王羲之更加难过，决定帮助这个老人家。他拿过一把扇子，在扇上写下："羲之书其扇"。老人家以为他要买，谁知道他写完一把又一把，老妇人很着急，说道："客官，你不买就罢了，你全部都乱涂乱画，我还怎么做生意，我们家还要靠

32

这点行当吃饭的……"王羲之写完后轻松笑道:"老人家,别着急,您只要大声吆喝'这是王右军的真迹,只需要一百文钱'保证您很快卖完。"老妇人半信半疑,但是也实在没有办法了,只能试试看。果如其言,老妇人吆喝声一出,就开始有人凑上来争抢着购买。老妇人如梦初醒,感到十分神奇。几天过后,老妇人又拿着扇子来找王羲之写字,但是王羲之笑而不答。

王羲之为人善良,但也是有原则的。子曰:"君子成人之美,不成人之恶,小人反之。"我们以一颗怜悯之心、仁慈之心去支援配合别人渡过难关。所以帮助别人要是非分明,有所为有所不为,绝不能助纣为虐,也不能让受助者养成不劳而获,滋长依赖成性的歪风邪气。

孔子论助

人物简介:孔子,中国著名的思想家、教育家、政治家,被联合国教科文组织评为"世界十大文化名人"之首。

鲁国有一道法律,如果鲁国人在外国见到同胞遭遇不幸,沦落为奴隶,只要能够把这些人赎回来,帮助他们恢复自由,就可以从国家获得补偿和奖励。子贡，把鲁国人从外国赎回来，但不向国家领取金钱。

孔子说："赐（端木赐，即子贡），你错了！圣人做的事，可用来改变民风世俗，可以传授给百姓，不仅仅是有利于自己的行为。现在鲁国富人少穷人多，向国家领取补偿金，对你没有任何损失；但不领取补偿金，鲁国就没有人再去赎回自己遇难的同胞了。"

子路救起一名溺水者，那人感谢他送了一头牛，子路收下了。孔子高兴地说："鲁国人从此一定会勇于救落水者了。"

从孔子对于子贡赎人和子路救溺水者这两件事的评论来看，我们不难看出一个道理：当你学会了，尝试去教人；当你获得了，尝试去给予。助人不仅仅可以让受助者渡过难关，还可以使自己获得愉悦，还可用来改变民风世俗。我们在助人的同时，如果能同时让更多的人体验到，予人玫瑰，手留余香，这不是一举两得吗？让更多的人加入这个助人为乐的队伍中来，把意识转为实践活动，从而达到以一带十的效果。

思考探究

1. 现实生活中，你认为有哪些人不该助，有哪些人应该助？
2. 怎样才是真正的仁助？
3. 收集你身边或者社会上助人为乐的事迹，分析其作用。

孝 德

寻根释义

孝德，即尊祖爱亲的品德。"孝"字的最初来源可追溯到殷商甲骨文，从字的结构来看，老人在上，小子在下；从造字本义来说，是一个动词，儿孙搀扶老人，听从、侍奉和供养父母、长辈之意。"孝"字最早见于《虞书·尧典》"以孝烝烝"，这里的"孝"有美德和善良的意义。《诗经》："率见昭考，以孝以享。"说明了不忘本，尊祖敬亲的祭祀活动是孝的原始意义。

儒家文化开创者孔子丰富和发展了孝，《孝经》记载"夫孝，德之本也"。孝是人最基本的德性，是品德的根基，从而衍生出其他的品德。《周礼·地官·师氏》："以三德教国子。一曰至德，以为道本；二曰敏德，以为行本；三曰孝德，以知逆恶。"郑玄解释孝为："孝德，尊祖爱亲，守其所以生者也。"也就是说孝德，是尊祖爱亲，守护父母之意。《说文解字》也有"孝，善事父母者"的说法。所以说，孝德，则为尽心奉养父母，或是下对上的尊敬，是一种尊祖爱亲的品德。孝在时代发展进程中，不局限于对父母的奉养，对长者的奉养、尊敬和关爱，甚至爱国、爱民也是一种孝德。

时代意义

传统的孝文化，精华与糟粕相互交集，在新时代的洗练中，孝文化的精粹得以保留，并为新时代社会的安定团结、和谐共进创造了良性的发展环境。

传统的孝，认为儿子孝顺父母天经地义，不可抵抗，孝道进一步沦为强化统治者独裁、父权专制、族权当道的工具。特别是到宋元明清，孝道走向了极端，发展到"割股疗亲"愚孝的地步。而在当代社会，文化自信，为中国传统文化的传承发展提供了沃土，孝文化也紧跟时代脉搏，遵循时代发展规律，传承和发展孝文化，孝被赋予了新时代的使命。2015年春节团拜会时习近平总书记引用孟郊的《游子吟》讲述中国人深厚的家庭情结，强调"不论生活格局发生多大变化，我们都要重视家庭建设、注重家庭、注重家教、注重家风"。2019年春节习近平总书记在团拜会的讲话中引用了"夫孝，德之本也"，同时也讲道："自古以来，中国人就提倡孝老爱亲，倡导老吾老以及人之老、幼吾幼以及人之幼。"习总书记倡导好家风、尊老爱亲，从孝老爱亲谈到家风建设，将孝情孝德由家庭的个体，到社会大众，再到国家层面的传颂，特别是人口老龄化的今天，达到老有所养、老有所依、老有所乐、老有所安的和谐局面，是孝最好的阐释，这也是孝最具魅力的地方。

新时代的年轻人，应该认清"愚孝""啃老"等这些与孝格格不入的代名词和行为，远离不孝的行为，改孝风、正孝气、养孝德，让每个人都能明孝、行孝、传孝。这样，孝德文化就会如电光之照耀，如风之流动传播四方。

仁德名言

1. 曾子曰：幸有三，大孝尊亲，其次弗辱，其下能养。（《礼记》）

2. 无父何怙，无母何恃？（《诗经》）

3. 父兮生我，母兮鞠我，抚我，畜我，长我，育我，顾我，复我。（《诗经》）

4. 树欲静而风不止，子欲养而亲不待。（《孔子家语卷二·致思第八》）

5. 孝子亲则子孝，钦于人则众钦。（林逋《省心录》）

6. 孝子之至，莫大乎尊亲。（《孟子》）

7. 为人子，止于孝；为人父，止于慈。(《大学》)

8. 夫孝，天之经也，地之义也。(《孝经》)

9. 孝子之事亲也，居则致其敬，养则致其乐，病则致其忧，丧则致其哀，祭则致其严。(孔子《春秋》)

10. 羊有跪乳之恩，鸦有反哺之义。(《增广贤文》)

仁德佳话

鹿乳奉亲

人物简介：郯子，己姓，子爵，少昊后裔，春秋时期郯国（今山东省临沂市郯城县）国君。中国二十四孝"鹿乳奉亲"故事主人公。

周朝时鲁国的周郯子，天性至孝，父母年老时，双眼均患眼病，希望能喝上鹿奶，但是都没有能够得到，郯子遵行父母的想法，为了得到鹿奶汁，穿上鹿皮，到深山，假装鹿，混入鹿群，伺机在鹿群中获取鹿奶来供双亲治眼病之用。猎人看到穿鹿皮的郯子，误认为是真鹿，左手抬弓，右手拉箭，正想射杀，说时迟那时快，郯子见到了猎人的姿态，赶忙站起来，猎人看到了郯子的真容，才放下弓箭。猎人问郯子原因，郯子把装扮成鹿取奶为治父母眼病的事告知猎人，猎人感其孝心，郯子才得以免祸。后来猎人感其孝顺，送其出山，并把家里驯养的母鹿之乳送给郯子，郯子拿着赠送得到的鹿乳，赶紧回家为父母治眼疾。

孝子侍奉双亲，必为真心实意，而不是把孝挂口上，用实际行动去践行孝心。郯子因为老人的偶然想喝鹿乳，而蒙皮装鹿取乳，实是至诚至孝之心。还好郯子机警，躲过一劫，并得到鹿乳，得以奉上孝亲，父母心愿得以实现，孝子的心也安乐，一切皆有因果。

犊舐孝表

人物简介：李密，字令伯，一名虔，犍为武阳（今四川彭山）人。初仕蜀汉为尚书郎。蜀汉亡，晋武帝时出任太子洗马，迁汉中太守。

李密年幼丧父，母亲被迫改嫁，那时李密才几岁，恋母情深，他性情淳厚，也因为对母亲的思念而成疾。李密年幼时身体羸弱，伶仃孤苦，由祖母刘氏抚养成长。成年后，祖母卧病，没有人可以照顾祖母，祖孙二人相依为命。但朝廷催促他去做官，在忠孝两难全的情形下，李密为表孝情、供养祖母，向皇帝讲明祖母供养无主，疾病日益加重，需要常侍汤药，寸步不离照料祖母，同时表明，如果没有自己的照顾，祖母将无法度过残年。

晋武帝因李密一纸公文《陈情表》而改变了他最初的想法，停止召见他，亦为晋"以孝治天下"政治理念提供了典范。可见李密的孝情感天动地。听者无不落泪，诵者无不动容。犊舐之孝，反哺尽心，祖孙之情，孝感天地。

扇枕温衾

人物简介：黄香，字文强（一作文疆），江夏安陆（今湖北云梦）人。东汉时期曾任郎中、尚书郎、尚书左丞、尚书令，官至魏郡太守。

后汉时期，年幼的黄香母亲病逝，他常常思念逝去的母亲，并流露出悲恸之情，外人看到他这种情形，也会为他这样的行为而感动，乡里人称赞黄香孝顺。他知书达理，博通典文，知孝行孝，由于母亲早逝，和父亲相依为命。他看到父亲辛劳的样子，心疼父亲，侍奉父亲尽心尽力。夏天酷暑炎热，黄香为了让父亲有一个清凉的席子睡觉，他用扇子扇凉席子让父亲睡觉，席子凉快了，他却汗流浃背；冬天严寒冰冷，黄香摸着父亲的床，顿然间，寒意由手心传至身体，哆嗦一下，想着父亲在这么冰冷的床上如何能睡?! 思来想去，觉得用身体暖床是一个好办法，于是他迅速爬上床。当触到床的那一刻，如冰芒针刺，寒骨透背，黄香硬是忍受冰冷，用身体温热被窝。当他父亲躺在床上感受温热的时候，觉得很奇怪，得知是黄香用身体温热被窝时，感动得湿润了眼。

黄香为魏郡太守时，由于当地遭遇洪灾，灾民流离失所，无家可归，黄香看此情形，拿出自己的俸禄和家产救济灾民。人们称他"天下无双，江夏黄香"。

黄香小小年纪，身体力行，对父亲尽孝；长大成才，尽绵薄之力，为民尽孝。小孝养成大孝，孝行远扬。

思考探究

1. 传统的孝与新时代提倡的孝有什么不同？愚孝有哪些表现？

2. 如何才能具备孝德？你觉得应该怎样做？

3. 新时代孝德典范的人都有哪些品质？

忠　德

寻根释义

忠者，德之正也。《忠经·天地神明章第一》中说："天下至德，莫大乎忠""忠也者，一其心之谓也"。《说文解字》中讲："忠，敬也，尽心曰忠"。从字形中看到，忠，心字居中，有不偏不倚之意；忠为正直之德，故从中声。

"忠"是中华传统道德文化体系中非常重要的道德观念，对现代社会有着广泛而深刻的影响。一般认为，"忠"字被广泛使用并形成一种重要的社会伦理道德观念是在春秋时期。据现存的资料所考证，在《论语》中"忠"字出现了 18 次，在《左传》中"忠"字出现了 70 余次，在《国语》中"忠"字出现了 50 余次。而后有东汉马融所作《忠经》，对"忠德"观念做了系统性的阐释。《忠经》不仅反映了两汉时期忠德的主要内容，而且标志着春秋时期所产生的忠德观念已发展成为系统的忠德学说。

时代意义

"忠"是行事准则，孔子在《论语》中提出君子行事要以忠信为主。而现代的"忠"观念则是指：①爱国爱家，忠于祖国，忠于党，忠于人民；②忠于职守，做好自己的本职工作，完成自己的职责；③忠于待人，忠守承诺，承诺过他人的事情要尽力做到，不能出尔反尔。

习近平总书记指出：忠诚，就是英雄模范们都对党和人民事业矢志不渝、百折不挠，坚守一心为民的理想信念，坚守为中国人民谋幸福、为中华民族谋复兴的初心使命，用一生的努力谱写感天动地的英雄壮歌。在当代社会，"忠"文化对于维持社会主流价值观，增强集体凝聚力，规范个人的行为有着无可替代的作用。如果缺少了"忠"观念的维系，国家、社会关系就会陷入无休止的混乱当中。

社会中不乏与"忠"相悖的言行，如拜金主义、个人主义，身为公职人员却玩忽职守、贪污腐败，走向犯罪的深渊；部分社会成员漠视诚信，见利忘义，这些"不忠不德"的行为是道德缺失的直接体现。由此可见，大力推行"忠"观念，丰富"忠"内涵，树立"忠"榜样，才能使"忠"观念深入人心，增强社会群体"忠"意识，维护社会稳定，促进国家繁荣富强。

仁德名言

1. 见利思义。(《论语》)

2. 君子以为忠。(司马光《训俭示康》)

3. 江河不洗古今恨，天地能知忠义心。(陆游《王给事饷玉友》)

4. 不宝金玉，而忠信以为宝。(《礼记》)

5. 曾子曰："吾日三省吾身：为人谋而不忠乎？与朋友交而不信乎？传不习乎？"(《论语》)

6. 竞渡深悲千载冤，忠魂一去讵能还。 (张耒《和端午》)

7. 忠孝义慈行方便，不须求我自然真。 (吕洞宾《绝句》)

8. 只有精忠能报国，更无乐土可为家。(董必武《元旦口占用柳亚子怀人韵》)

仁德佳话

忠肝义胆

人物简介：辛弃疾，字幼安，号稼轩。出身金地，不忘祖国，后参与耿京起义，抗金归宋。南宋豪放派词人、将领，有"词中之龙"之称。

夜深人静，万籁俱寂。酩酊大醉的你抽出那把曾经陪伴着自己南征北战的长剑，把灯芯挑亮，就着昏黄的灯光细看，以前的记忆纷至沓来，百般滋味涌上心头。

那时的你虽然年幼，但早已不是懵懂无知的孩童。祖父的言传身教，自己的所见所闻，让你明白，没有国就没有真正的家。身在金国心在宋，你勤读兵书，刻苦练武；你登高望远，指画山河。你希冀着，成长着，等待着，只要给你一个机会，你必定会驱逐金人，收复失地，把被踩躏的父老们带回祖国的怀抱。

夜色渐深，你的思绪猛地回到现在。回到祖国的你积极投身抗金大业，一腔热血却受尽冷雨。彼时朝中，主降派把持大权，英雄失路，壮士闲置，你的愤懑化作宋词的声声悲叹，掷地有声。

中原梦，终成空，只剩英雄白发，独对悲风。时光荏苒，当初那个中原一战成名的热血男儿，到底壮志难酬，从前的豪言壮语，现在看来只是一场华美的不愿醒来的梦。你用尽剩余的力气，向着天空发出自己最后的，也是深藏在灵魂中的呐喊：

"杀贼！杀贼！"

南宋思想家陈亮说："眼光有梭，足以照映一世之豪。背胛有负，足以荷载四国之重。"辛弃疾为国为家，早已献上自己的一切。人生一场，终不悔轰轰烈烈地来过。实乃宋朝难寻的忠义之人也！

忠不忘国

人物简介：苏武，字子卿，汉族，杜陵（今陕西西安）人。天汉元年奉命以中郎将持节出使匈奴，被扣留。苏武历尽艰辛，留居匈奴十九年持节不屈。至始元六年，方获释回汉。

得知自己将代表汉朝出使匈奴的那一刻，苏武内心明白，这趟旅程将充满难以想象的危险与劫难，自己有可能有去无回。

　　持节的使者，是国家身份的象征。但那个时候，出使并不仅仅是两国之间和平友好、互通往来的仪式，更像是爆发战争的前兆。汉朝与匈奴，两国互派使节侦察、互扣来使已是常事。但是，面对这份常人谈之色变的危险工作，苏武无法拒绝。不仅仅是因为汉武帝，更因为他对祖国有一颗赤诚无瑕的忠心。只要祖国需要，哪怕艰险重重，他绝不推辞！

　　不久之后，苏武以中郎将身份持节出使匈奴。与单于见面，呈上礼物，外交工作在有条不紊地推进着，一切都朝着稳定的方向发展。可是，苏武隐约有不祥的预感，这宁静仿佛风雨欲来前的波澜不惊。果不其然，变故陡生。副手张胜被匈奴利用，连累苏武卷入政治风波。汉使节团被捕押扣留。杀的杀，降的降，唯独苏武，无论面对何种威逼利诱，誓死不降。

　　极寒的北海荒无人烟，千里冰封。缺水断粮，受尽耻辱的苏武只能去掘野鼠所藏的果实、挖草根充饥。故土相隔，河山万里，虽然此刻为阶下囚，但手持汉节，就是大汉的使者！人可以死，大国尊严决不能在这里屈服！苏武每日放牧必定手持汉节。日复一日，年复一年，以致手上的汉节旄毛尽落。

　　昭帝始元六年春，历经千辛万难，苏武终于回到了自己的祖国，离去是风度翩翩的青年郎，归来已是发须皆白垂垂老者。苏武，终于可以大声地说：祖国，我回来了！

　　班固："使于四方，不辱君命，苏武有之矣。"面对匈奴的威逼利诱，苏武没有屈服。十几年的囚禁经历非但不能令他的爱国心蒙尘，反而增添了一笔熠熠生辉的中国红！

精忠报国

人物简介：岳飞，字鹏举，相州汤阴（今河南省汤阴县）人。南宋时期抗金名将、军事家、战略家、民族英雄、书法家、诗人，位列南宋"中兴四将"之首。

岳飞十五六岁时，金国南侵。宋朝当权者昏庸无能，节节败退，大片国土沦陷，百姓生灵涂炭，国家处在生死存亡的关头。一天，母亲把岳飞叫到跟前，说："现在国难当头，你有什么打算？"

"到前线上阵杀敌，精忠报国！"

岳母深明大义，"从戎报国"正是她对岳飞的期望。为了表示对儿子的支持，她决定把"精忠报国"四字刺在儿子的背上，让他永远铭记这一誓言。岳飞解开上衣，请母亲下针。"你怕痛吗？""小小钢针算不了什么，如果连针都怕，怎么去前线打仗！""精忠报国"四个字就永不褪色地留在了岳飞的后背上。

从此以后，岳飞以"精忠报国"为自己的人生信条，奔赴前线，南征北战，立下赫赫战功，成为一代名将。

文天祥说："岳先生，我宋之吕尚也。建功树绩，载在史册，千百世后，如见其生。"岳飞为祖国毅然投入抗金大业，爱国之情，天地可鉴！

思考探究

1. 你认为，要怎样做才能成为一个具有"忠"之心的人？

2. 在现实生活中，我们既要牢记"忠"的原则，又要注意辨别"愚忠"。哪些"愚忠"行为不可取？请结合你的思考举例说明。

3. 参观当地的教育基地（如雷州青年运河的红色教育基地），请谈谈你对"忠"的理解和看法。

诚　德

寻根释义

诚，是一个形声字，《说文》："诚，信也。从言，成声。"意谓对待人们要诚实讲信用，不搞鬼鬼祟祟的把戏和阴谋诡计。

《礼记·中庸》说："诚者天之道也，诚之者人之道也。"认为"诚"是天的根本属性，努力求诚以达到合乎诚的境界则是为人之道。又说："诚者，物之终始，不诚无物。"认为一切事物的存在皆依赖于"诚"。孟子说："是故诚者天之道也，思诚者人之道也。"（《孟子·离娄上》）又说："反身而诚，乐莫大焉。"（《孟子·尽心上》）他认为反省自己，已达到诚的境界，就是最大的快乐。荀子虽"不求知天"，但也把"诚"看作是进行道德修养的方法和境界。他说："君子养心莫善于诚，至诚则无它事矣，唯仁之为守，唯义之为行。"（《荀子·不苟》）这里也把诚视为政治道德的准则，还说："夫诚者，君子之所守也，而政事之本也。"（同前）《大学》引申《中庸》关于"诚"的学说，以"诚意"为治国、齐家、修身、正心的根本。

时代意义

现代诚实是对传统诚实的传承与超越。作为中华民族的传统美德，诚实和其他优秀文化传统一样，在不同时代有不同的特点，每一个时代都会赋予它不同的内涵，都会为它打上政治、经济和阶级的烙印。作为一种道德规范，现代诚实既是对传统诚实的传承，又是对传统诚实的发展和超越。

曾子曰："与朋友交而不信乎？"《礼乐记》云："著诚去伪，礼之经也。"可见，在古代，儒家就推崇"诚"。现代社会，社会生产力水平大大提高，信息畅通，交通方便，人类社会逐渐由农耕文明走向商业文明，人与人之间的交流范围扩大，交流的机会增多，交流合作的形式逐渐多样化，交流的对象也由熟悉的人群扩展到陌生的人群。特别是在全球一体化、信息网络化、经济全球化的背景下，人与人之间、企业与企业之间、团体与团体之间、城市与城市之间、国家与国家之间交流与合作日益频繁。诚实这一道德规范所调整范围已扩展到社会生活的方方面面，小到熟人朋友的日常生活交往，大到国家政治经济组织之间的交往与合作。现代诚实已从"修身齐家"的层面扩展到"治国平天下"的层面。

习近平总书记说："领导干部要把深入改进作风与加强党性修养结合起来，自觉讲诚信、懂规矩、守纪律，襟怀坦白、言行一致，心怀敬畏、手握戒尺，对党忠诚老实，对群众忠诚老实，做到台上台下一种表现，任何时候、任何情况下都不越界、越轨。"强调了诚的重要性。

仁德名言

1. 以至诚为道，以至仁为德。（苏轼《上初即位论治道二首·道德》）

2. 思诚为修身之本，而明善又为思诚之本。（朱熹《四书集注·孟子集注》）

3. 诚者，圣人之本，百行之源也。（周敦颐《通书》）

4. 推人以诚，则不言而信矣。（王通《文中子·周公》）

5. 诚者，天之道也；思诚者，人之道也。（《孟子》）

6. 轻诺必寡信，多易必多难。（《老子》）

7. 精诚所至，金石为开。（王充《论衡·感虚篇》）

8. 诚信者，天下之结也。（《墨子》）

9. 小信诚则大信立。（《韩非子·外储说左上篇》）

10. 言必诚信，行必忠正。（《论语》）

仁德佳话

诚答取信

人物简介：晏殊，字同叔，江西抚州临川人。北宋著名文学家、政治家。以词著于文坛，尤擅小令，风格含蓄婉丽。

北宋词人晏殊，素以诚实著称。在他十四岁时，有人把他作为神童举荐给皇帝。皇帝召见了他，并要他与一千多名进士同时参加考试。结果晏殊发现考试是自己十天前刚练习过的，就如实向宋真宗报告，并请求改换其他题目。真宗非常赞赏晏殊诚实的品质，便赐给他"同进士出身"。

晏殊当职时，正值天下太平。于是，京城的大小官员便经常到郊外游玩或在城内的酒楼茶馆举行各种宴会。晏殊家贫，无钱出去吃喝玩乐，只好在家里和兄弟们读写文章。有一天，真宗提升晏殊为辅佐太子读书的东宫官。大臣们惊讶异常，不明白真宗为何做出这样的决定。真宗说："近来群臣经常游玩饮宴，只有晏殊闭门读书，如此自重谨慎，正是东宫官合适的人选。"晏殊谢恩后说："我其实也是个喜欢游玩饮宴的人，只是家贫而已。若我有钱，也早就参与宴游了。"这两件事，使晏殊在群臣面前树立起了信誉，而宋真宗也更加信任他了。

因为诚实回答，晏殊获得宋真宗的赞赏；因为诚实回答，晏殊获得群臣及宋真宗的信任，所以人应以诚取信。

诚定存亡

人物简介：商鞅，姬姓，公孙氏，名鞅，卫国人。战国时期政治家、改革家、思想家，法家代表人物，卫国国君后代。

春秋战国时，秦国的商鞅在秦孝公的支持下主持变法。当时处于战争频繁、人心惶惶之际，为了树立威信，推进改革，商鞅下令在都城南门外立一根三丈长的木头，并当众许下诺言：谁能把这根木头搬到北门，赏金十两。围观的人不相信如此轻而易举的事能得到如此高的赏赐，结果没人肯出手一试。于是，商鞅将赏金提高到 50 金。重赏之下必有勇夫，终于有人站起将木头扛到了北门。商鞅立即赏了他五十金。商鞅这一举动，在百姓心中树立起了威信，而商鞅接下来的变法就很快在秦国推广开了。新法使秦国渐渐强盛，最终统一了中国。

而同样在商鞅"立木为信"的地方，早它 400 年以前，却发生过一场令人啼笑皆非的"烽火戏诸侯"的闹剧。

周幽王有个宠妃叫褒姒，为博取她一笑，周幽王下令在都城附近 20 多座烽火台上点起烽火——烽火是边关报警的信号，只有在外敌入侵需召诸侯来救援的时候才能点燃。结果诸侯们见到烽火，率领兵将匆匆赶到，当弄明白这是君王为博妻一笑的花招后愤然离去。褒姒看到平日威仪赫赫的诸侯们手足无措的样子，终于开心一笑。5 年后，酉夷太戎大举攻周，幽王烽火再燃而诸侯却未到——谁也不愿再上第二次当了。结果幽王被逼自刎而褒姒也被俘虏。

一个立木取诚，一诺千金；一个帝王无诚，戏玩"狼来了"的游戏。结果前者变法成功，国强势壮；后者自取其辱，身死国亡。可见，"诚"对一个国家兴衰存亡的重要作用。

季札诚德

人物简介：季札，姬姓，寿氏，名札。不仅品德高尚，而且是具有远见卓识的政治家和外交家。

吴国宗室季札，在出使北方大国途中，顺道拜访了徐国国君。徐君非常喜欢季札的宝剑，但知它是吴国的国宝，所以不好意思索要。

季札心知徐君很喜欢这宝剑，想立即将它送给徐君，但碍于自己仍需前往其他国家，所以需要带着这宝剑以代表吴国出使。于是，季札心中暗暗向徐君许下诺言："当我结束这次行程后，我会再到徐国，届时定将这宝剑送给您。"

后来，当季札返回徐国时，徐君已死。季札来到徐君墓前，便将宝剑挂在徐君墓旁的树上。随从连忙问道："人都死了，还赠他宝剑干什么？"季札说："我早在心中答应将这宝剑送给徐君，如今徐君虽已离世，但不可因此改变我的承诺，我仍要履行诺言。"

宋朝文学家晁说之说："不信不立，不诚不行。"就算徐君已死，季札仍履行诺言，这是至真至诚的表现，也体现了季札的高尚品德。

思考探究

1. 在学业生涯中犯了错误（如说谎、考试作弊等），你会在事后如何处理？

2. 在学校求知求学时应如何抱"诚"的态度？请结合你的学习实际举例说明。

3. 作为一名中学生，我们应当如何践行"诚"？

信　德

寻根释义

信，即有信、守信。《论语·为政》："人而无信，不知其可也。大车无輗，小车无軏，其何以行之哉?"孔子的意思是一个人如果没有信用，不知道他怎样可以立身处世。他把"信"分为两个层次：一是要受人信任——可信；二是人要守信。"信则人任也"，只有受人信任，办事才能成功。

信，是儒家传统伦理准则，也是人们成就事业的根本。信，"守信、可信"，是人立身处世的基点，是一个人最重要的社会名片。因为，只有在这个基础上，我们才能与他人沟通，也才能被他人所理解，否则，只不过是一个孤家寡人罢了。《孟子·离娄上》："车无辕不行，人无信不立。"《荀子·不苟·诂译》："自古皆有死，民无信不立。"孟子和荀子都认为，信，这一中华民族的传统美德，是我们为人处世的根本。《墨子·修身》："言不信者，行不果。"墨子认为不受人信任的人，处事不能成功。不但儒家、墨家思想中把"信"看得很重要，法家思想中更是把"信"看作是依法治国的首要条件。法家代表人物商鞅在秦国主张变法的时候就曾"南门立木"，树立起"言必行，行必果"的形象，这才使得接下来的变法能顺利实施。秦国也因此变得强盛了起来，从众多诸侯国中脱颖而出，成为战国七雄之一，也为后来的秦国"扫六合，平天下"奠定了坚实的基础。

"言必衷信，行必笃敬""一诺千金""一言既出，驷马难追"这些流传了千百年的古语，都形象地表现了中华民族信守诺言的品质。人们在中国几千年的文明史中，不但称颂"信"，并努力地身体力行。

时代意义

"人无信不立""人而无信，不知其可。"现代社会是信誉社会，对个人而言，信誉代表着形象，代表着人格。要想在形象和人格上获得依赖和尊重，就需要树立个人的可信度。对国家而言，更是如此。《左传》有言："信，国之宝也"，信用是国家的重宝。《孔子家语》里也说："轻千乘之国，而重一言之信。"国家一言之信，胜过万马千军。一个国家对外要维护自身信用，对内也要建立自己的信誉，面对国家民众才能形成政府公信力。国之信，重九鼎。"人与人交往在于言而有信，国与国相处讲究诚信为本。"中共十八大以来，习近平总书记在国内外多个重要场合都强调诚信的重要性。"信"是一种个人品格，一言既出，驷马难追；"信"是一种国家责任，一言九鼎，一诺千金。信，更是一种价值理念，人无信不可，民无信不立，国无信不威。

"对人以信，人不欺我。对事以信，事无不成。"校园，是学知识的地方，是学做人的地方，是塑造人类灵魂的地方。因此培养"信"的品质就应该从校园做起，我们中学生是祖国未来的栋梁，是注定要"齐家，治国，平天下"的。因此请大家从我做起，从身边做起，从小事做起，做到"言必行，行必果"，做一个"守信、可信"的人。

仁德名言

1. 水善利万物而不争，处众人之所恶，故几于道。居善地，心善渊，与善仁，言善信，正善治，事善能，动善时。夫唯不争，故无忧。（老子《道德经》）

2. 子曰："君子义以为质，礼以行之，孙以出之，信以成之。君子哉！"（《论语·卫灵公》）

3. 事父母，能竭其力；事君，能致其身；与朋友交，言而

有信。虽曰未学，吾必谓之学矣。(《论语·学而》)

4. 吾日三省吾身：为人谋而不忠乎？与朋友交而不信乎？传不习乎？(《论语·学而》)

5. 车无辕不行，人无信不立。(《孟子·离娄上》)

6. 父子有亲，君臣有义，夫妇有别，长幼有叙，朋友有信。《孟子·滕文公上》

7. 自古皆有死，民无信不立。(《论语·颜渊》)

8. 勿以身贵而贱人，勿以独见而违众，勿持功能而失信。(诸葛亮《诫子书》)

9. 信义著于四海。(陈寿《三国志 · 诸葛亮传》)

10. 兄弟敦和睦，朋友笃诚信。(陈子昂《座右铭》)

仁德佳话

曾子教子

人物简介：曾子，名参，字子舆，春秋末年鲁国人。著有《大学》《孝经》《曾子十篇》等作品。是儒家学派的重要代表人物，被后世尊奉为"宗圣"。

60

一天，曾子的妻子要到集市去，她的儿子哭闹着要跟着去。曾子的妻子说："你回去，等我回家后为你杀一头猪，做你爱吃的红烧排骨、酱肘子。"孩子听到后就乖乖在家等妈妈回来了。

妻子从集市回来后，曾子正准备杀猪，妻子制止他说："刚才只不过是与小孩子闹着玩儿罢了。"曾子说："小孩子是不能和他闹着玩儿的。他不懂事，是要靠父母而逐步学习的，并听从父母的教诲。现在你欺骗了他，就是教他学会欺骗。妈妈欺骗儿子，做儿子的就不会再相信自己的母亲了，这不是把孩子教育好应该用的办法。"曾子的妻子觉得丈夫的话很有道理，于是就帮助曾子杀猪，做了孩子最爱吃的红烧排骨、酱肘子。

曾子用自己的行动教育孩子要言而有信，不欺骗人。同时这个故事也教育成人，自己的言行对孩子影响很大。做人要"守信、可信"，不能欺骗别人，要谨守诺言，做一个受人信任的人，否则将会把自己的子女教育成一个无信之人。所有做父母的人，都应该像曾子夫妇那样讲究"信"，用自己的行动做表率，去影响自己的子女和社会。

郭伋守信

人物简介：郭伋，字细侯，扶风茂陵人，官至太中大夫。历史上评价很高，南朝宋范晔《后汉书》：

"汲少有志行"；"汲牧朔藩，信立童昏"。

郭汲做并州牧时，到任不久就巡行部属，到西河郡美稷县（今内蒙古准格尔旗之北）时，有几百名儿童，各自骑着竹马，在道路旁边拜迎郭汲。郭汲就问："孩子们为什么自己到这么远的地方来？"孩子们高兴地回答说："听说使君要来我们这里，大家都很高兴，所以都早早来欢迎您。"郭汲很感动并谢谢孩子们。等到事情办完，孩子们又送郭汲到城郭外，孩子们问："使君哪一天能回来？我们还来迎接您。"郭汲叫别驾从事（官名，类似于今天的随行秘书）计算日程，告诉了他们他回来的日期。但是，巡视回来时，比原定日期早了一天。郭汲怕对孩子们失信，于是，他就在野外亭中过了一晚，等到预定日期才进城。

郭汲就是这样说到做到，十分讲究信用的人，正因为他"守信、可信"，做事才能多次获得成功，受到了人们的尊敬。

宋濂信言

人物简介：宋濂，初名寿，字景濂，号潜溪，明初文学家，官居学士。与高启、刘基并称为"明初诗文三大家"，又与章溢、刘基、叶琛并称为"浙东四先生"。

宋濂，自幼守信好学，一生勤学不辍，"自少至老，未尝一日去书卷，于学无所不通"。他在《送东阳马生序》中写道："我小时候喜欢读书，可是家里很穷，买不起书。所以只能向藏书丰富的人家借书来看，借到书后，就赶快抄录下来，每天都赶着时间，到时间点就还给人家，不敢稍微超过约定的期限。因为我信守诺言，人们大多肯借书给我，我因而能够看到许多书籍。"宋濂因为信守诺言，他的老师也称赞他："年轻人，信守诺言，将来必有出息！"一个人"守信、可信"，表里如一，不弄虚作假，是他取得成功的保证。

古人历来重视个人道德修养，把"守信、可信"作为人道德修养的基本内容，俗话说："守信万里还嫌近，无信一寸步难行。"由古至今，凡是品德高尚的人，都是"守信、可信"的，只有守信的人，才能心智清明，择善而从。只有可信的人，才能处事成功。信用一旦缺失，不但人会失去立身之本，而且还会影响一个国家民族的生存和发展，"无信则人危，无法则国乱"，一言足以兴邦，一诺岂止千金。

思考探究

1. 现实生活中，你认为有哪些"信守诺言"与"不守信用"的现象？

2. 搜集当今社会上因"守信、可信"而取得成功的事迹，并分析人物特点。

3. 要成为"守信、可信"之人，你认为应该怎么做？

勤　德

寻根释义

"勤"出自《说文》："劳也"。《扬子·法言》又有："民有三勤。"《注》中："勤，苦也。"勤劳，后引申为辛勤劳作，不怕辛苦。无论劳心劳力，竭尽所能黾勉从事，就叫作勤。

各行各业，凡是勤奋不息者必定有所成就，出人头地。即使是出家的和尚，息迹岩穴，徜徉于山水之间，看破红尘，与世无争，他们也自有一番精进的功夫要做，于读经礼拜之外还要勤行善法不自放逸。《庄子·至乐》："夫贵者，夜以继日，思虑善否。"先秦《孟子·离娄下》："仰而思之，夜以继日。"夜以继日，即晚上连着白天，形容勤奋工作或学习。勤奋是获得成功的宝典，是走向未来的基石，是中华儿女的美德，是中华灿烂文明的传承。

65

时代意义

我们的祖国之所以繁荣强大，和人民群众的勤奋是分不开的。曾几何时，人们唯我独尊，中国有了上百年的耻辱。如今，人们觉悟了，勤奋地学习科学文化知识，不断地创新、改造，改变自己，才使中国一步步走向成功。归根结底，中国人民唯有勤奋，才能成为名副其实世界的东方巨龙！

成功缘于实干，祸患始于空谈。实干精神是我们党的优良传统，注重落实是共产党人的政治本色。从党的群众路线教育实践活动把"形式主义"列为"四风"之首，矢志根除虚浮作风；到全面深化改革，强调"把抓落实作为推进改革工作的重点"，致力实现改革蓝图。强调实干、注重落实始终是习近平总书记治国理政的鲜明品格。

"不干，半点马克思主义都没有。"机遇稍纵即逝，改革不进则退，全面建成小康社会的蓝图，靠什么绘就？13亿人的"中国梦"，靠什么实现？在新的历史起点上，我们党"以什么样的精神状态"持续奋斗？空想清谈只会贻误发展，实干苦干方能成就梦想。担当起该担当的责任，脚踏实地地奋斗、扎扎实实地工作，才能无愧于人民期待和时代责任。

"功崇惟志，业广惟勤"——《在十二届全国人大一次会议上的讲话》等文中引用。不管是国家要实现振兴，还是个人要成就事业，都必须具备两个条件：一为立志，二为勤勉。立志是前提，勤勉为保障，无志不足以行远，无勤则难以成事。习近平同志在不同场合，多次引用这句含义隽永的古语，正表明立志与实干相辅相成的关系。我们有着宏大的发展目标——"两个一百年"迫在眉睫，民族复兴"中国梦"曙光在前。我们也面临复杂的发展环境——发展攻坚期，多少工作要推进；改革深水区，多少困难要破题。正因此，我们更需苦干实干，以务实作风、踏实态度，"逢山开路遇水搭桥"，一步一个脚印朝前走。而在这一过程中，每个人也能找到人生舞台、收获出彩机会，以志为方向、以勤为动力，与国家、民族一起前行。

仁德名言

1. 合抱之木，生于毫末；九层之台，起于累土；千里之行，始于足下。（老子《道德经》）

2. 骐骥一跃，不能十步；驽马十驾，功在不舍；锲而舍之，朽木不折；锲而不舍，金石可镂。（《荀子》）

3. 天行健，君子以自强不息。（《周易》）

4. 人生在勤，不索何获！（范晔《后汉书·张衡列传》）

5. 不勤学，则无以为智；不勤教，则无以为仁。（《太平御览》）

6. 绳锯木断，水滴石穿。（罗大经《鹤林玉露·乙编》）

仁德佳话

燃薪夜读

人物简介：侯瑾，东汉著名文学家，字子瑜，敦煌郡人。生卒年不详，约汉灵帝、汉献帝间前后在世。少孤贫，依族人居。性好学，为人佣作得资，暮还，燃薪而读。常以礼自守，不欺暗室。

侯瑾青年时期，因勤奋好学，才华出众，在敦煌小有名气。朝廷曾多次邀请侯瑾到敦煌当官儿，都被他婉言谢绝了。后来，为摆脱"闲杂人等"的骚扰，就直接搬到山里去了。由于家境贫寒，在黑夜里想读书，没有钱买灯油，只能点着柴火，借着火光看书。

功夫不负有心人，侯瑾经过多年燃薪夜读，专心著书立说，写下《矫世论》等数十篇杂文，给后人留下了宝贵的精神财富。侯瑾燃薪夜读的故事，与悬梁刺股、车胤囊萤、孙康映雪等故事一起被后人广泛传颂，成为因家境贫寒、刻苦用功终成才的典范。

"天道酬勤",这是指一个人成功的自然规律,它决不亏待勤奋的人。一个不愿付出艰苦劳动的人,一个甚至不肯挥洒汗水的人,只能虚度年华,空白了少年头。人类历史创造了两类天才:一类聪明绝顶,一类终生勤奋。而历史对后者格外垂青。因此,在历史的长河中,你若立志创造一番事业,立志成才,那么,勤奋之舟则是万万不能弃之不用的。

手不释卷

人物简介:吕蒙,字子明,东汉末年名将,汝南富陂(今安徽阜南吕家岗)人。少年时依附姐夫邓当,随孙策为将。以胆气称,累封别部司马。孙权统事后,渐受重用,从破黄祖作先登,封横野中郎将。

三国时期吴国大将吕蒙没有文化知识,孙权鼓励他学习史书与兵法。吕蒙总是推说军队事多没有时间学习,孙权说:"时间嘛,要自己去挤出来。从前汉光武帝在行军作战的紧张关头,手里还总是拿着一本书不肯放下来呢!为什么你就没有时间呢?"停了停,孙权又说:"你的事情总没有我多吧?我并不是要你去研究学问,而只是要你翻阅一些古书,从中得到一

69

些启发罢了。"

吕蒙问："可我不知道应该读哪些书？"

孙权听了，微笑着说："你可以先读些《孙子》《六韬》等兵法书，再读些《左传》《史记》等历史书，这些书对于以后带兵打仗很有好处。"

吕蒙听了孙权的话，回去便开始读书学习，从此手不释卷，并坚持不懈。最后做了吴国的主将，有勇有谋，屡建奇功。吕蒙发愤勤学的事迹，成为了中国古代将领勤能补拙、笃志力学的代表，与其有关的成语有"士别三日""刮目相待""吴下阿蒙"等。

业精于勤

人物简介：苏秦，字季子，雒阳（今河南洛阳）人，战国时期著名的纵横家、外交家和谋略家。

韩愈《进学解》："业精于勤，荒于嬉；行成于思，毁于随。"业：学业；精：精通；于：在于；勤：勤奋。学业精深是由勤奋得来的，但它却荒废在嬉笑声中；事情由于反复思考而成功，但它却能毁灭于随随便便。古往今来，多少成就事业的人来自于"业精于勤，荒于嬉"。以下这个典故说的也是这个道理。

战国时期的苏秦，开始虽有雄心壮志，但由于学识浅薄，跑了许多地方都得不到重用。后来他下决心发奋读书，有时读书读到深夜，实在疲倦、快到打盹儿的时候，就用锥子往自己的大腿上刺，刺得鲜血直流。他用这种"锥刺股"的特殊方法，驱逐睡意，振作精神，坚持学习。后来终于成了著名的政治家。

华罗庚说过：勤能补拙是良训，一分辛苦一分才，世界上没有人天生就是天才。那么怎样才能成为天才？终身勤奋苦学终成天才，勤奋之人的汗水不会白流，勤奋之人终会得到令人瞩目的成功果实。的确，不经一番寒彻骨，哪来梅花扑鼻香？

思考探究

1. 现实生活中，你认为哪些行为属于"业精于勤"？请举例说明。

2. 要成为"业广惟勤"的人，你认为具体应该怎样去做？请结合实际谈谈想法。

3. 搜集当今社会能体现"勤"的人物事迹，分析其中的理论和行为准则。

俭　德

寻根释义

《左传·庄公二十四年》："俭，德之共也；侈，恶之大也。"其意是：节俭是一切美德中最大的德；奢侈是一切恶行中最大的恶。由此，"俭德"一词传于后世。

"俭"是中华民族的传统美德之一，滋养了无数中华儿女，也是个人品质和道德修养的体现。何为俭？《说文》一书中解释：俭，约也。"人"与"佥"联合起来表示"在人前人后都言行一致、厉行节约的人"。俭的传统本义是指在思想行为等方面对自己加以约束，特指生活朴素、不浪费。还指贫乏、歉收。发展至今，俭之义特指为人节俭、俭朴，生活朴素。俭就是一种节省浪费，对于各种资源消耗无益的控制。俭不是小气，也不是吝啬，而是一种美德，它与贫富并无直接联系，

72

"当用则万金不惜，不当用则一文不费"，乃俭德最好的体现。爱迪生说过，俭是你一生中食之不完的美筵。俭德是我们一生必须遵循的原则和提倡的美德。

时代意义

近年来，享乐主义、拜金主义在生活中有所滋长。讲排场、比阔气、挥霍浪费的现象比较常见，艰苦奋斗、勤俭节约的优良作风被淡忘了。有的甚至对艰苦奋斗、勤俭节约的传统美德不以为然，认为不合时宜。这不仅是错误的，更是有害的。

习近平总书记强调：不论我们国家发展到什么水平，不论人民生活改善到什么程度，艰苦奋斗、勤俭节约的思想永远不能丢。的确，虽说是新时代，综合国力有了很大提升，物质生活也比过去改善了，但我国仍是发展中国家。加之人口多，人均资源少，人民的生活还不够富裕，国家发展之路还比较艰辛。我们必须厉行节约、反对浪费，做好长期艰苦奋斗的思想准备。即使我国将来进一步发展了，综合国力更强大了，勤俭节约的好传统仍然不能丢。

应当清醒地看到，勤俭节约也是一种精神状态，能够起到砥砺意志、陶冶情操的重要作用，形成凝聚人心、战胜困难的强大力量。我们讲艰苦奋斗、勤俭节约，不是要人们去过清教

73

徒式、苦行僧式的生活，也不是要否定合理的物质利益，而是有理性、有尺度、有节制地追求物质生活，大力发扬艰苦奋斗、勤俭节约的精神。

仁德名言

1. 君子以俭德辟难，不可荣以禄。（先秦《易传·否》）

2. 俭于财用，节于衣食。（《韩非子·难二》）

3. 今先君俭而君侈，令德替矣。（《国语·鲁语》）

4. 常将有日思无日，莫把无时当有时。（《增广贤文》）

5. 节用于内，而树德于外。（《左传·昭公十九年》）

6. 侈而惰者贫，因力而俭者富。（韩非子《韩非子显学》）

7. 奢俭之节，必视世之丰约。（《三国志·魏书·王卫二刘傅传》）

8. 仁义之道，守之而不失；俭约之志，始终而不渝。（吴兢《贞观政要·慎终》）

仁德佳话

竹筒之俭

人物简介：苏轼，字子瞻、和仲，号铁冠道人、东坡居士，世称苏东坡、苏仙，汉族，眉州眉山（四川省眉山市）人，祖籍河北栾城，北宋著名文学家、书法家、画家。

元丰三年（1080 年），苏轼因乌台诗案被贬为黄州团练副使，薪俸也随之锐减。苏轼在职时是个清官，家中并无积蓄，当苏轼一大家子到达黄州时，顿时吃饭就成了一个很大的问题。为了渡过困境，他制订了一套节俭的开支计划，量入为出，生活过得有滋有味。

一日，他的一位老友来访，见客厅的大梁上悬挂着 30 个小竹筒和一个大竹筒，心里十分纳闷。此时，苏轼嘱咐家人备一桌酒席来招待客人。家人用叉挑下那个大竹筒，离去筹备酒席去了。老友见状，忍不住发问："东坡兄，不知你屋梁上挂的是什么？"苏轼没有马上回答，又用叉挑下一个竹筒，倒出

75

筒中数十枚铜钱置于桌上。这位老友仍是不解，苏东坡朗声大笑，说出了竹筒之谜。原来，苏东坡为了做到计划开支，量入为出，把每月领到的薪俸分为30小份，然后装入竹筒里挂在屋梁上，每天就用叉挑下一个竹筒，作为当日开支，准余不准超。每日节余的就放入大竹筒中，用于逢年过节或者招待客人的专用资金。这位老友听了，感叹不已，直赞苏轼节俭有方，生活过得井井有条。

萨迪所言：谁在平日节衣缩食，在穷困时就容易渡过难关；谁在富足时豪华奢侈，在穷困时就会死于饥寒。苏轼正是厉行节俭，方能在穷困时渡过难关，将生活过得有滋有味。即使后来再居高位，他也保持俭约之举，影响了无数后人。

拒奢从俭

人物简介：季文子，即季孙行父。春秋时期鲁国的正卿，卒于鲁襄公五年十二月辛未。姬姓，季氏，谥文，史称"季文子"。

季文子出身于三世为相的家庭，他为官30年，执掌着鲁国朝政和财富，大权在握，一心安社稷。忠贞守节，克勤于邦，克俭于家。《史记·鲁世家》记载：季文子当政时，"家无

76

衣帛之妾，厩无食粟之马，府无金玉"。一生节俭，以节俭为立身之根本，并且要求家人也过着俭朴的生活。

他穿衣只求朴素整洁，除了朝服以外没有几件像样的衣服，每次外出，所乘坐的车马也极其简单。见他如此节俭，他的朋友仲孙它就劝他说："你身为上卿，德高望重，但听说你在家里不准妻妾穿丝绸衣服，也不用粮食喂马。你自己也不注重容貌服饰，这样不是显得太寒酸，让别国的人笑话您吗？这样也有损我们国家的形象，会说鲁国的上卿过的是这么寒酸的日子，鲁国发展真不怎样啊。您为何不改变一下您的生活方式呢？这对国对己都有好处，何乐而不为呢？"

季文子听后，对仲孙它严肃地说："作为一家之长，我也希望把家里布置得豪华典雅，但是看看我们国家的百姓，还有很多人吃着粗糙得难以下咽的食物，穿着破旧不堪的衣服，还有人正在受冻挨饿。想到这些，我怎能忍心去为自己添置家产呢？如果百姓粗茶淡饭敝衣，而我妆扮妻妾，精粮养马，这哪里还有为官的良心！况且，我听说一个国家的国强与荣光，并不是以他们拥有美艳的妻妾和良骥骏马来评定的，而是臣民的高洁品质表现出来的。既如此，我又怎能接受你的建议呢？"这一番话，说得仲孙它满脸羞愧。此后，他也效仿季文子，十分注重生活的俭朴，妻妾只穿普通布做成的衣服，家里的马匹也只用谷糠、杂草来喂养。

季文子之所以如此得人心，就是因为他注重俭朴的生活。

正因为他以俭为立身之本，所以在他的倡导下，鲁国朝野出现了俭朴的风气，并为后世所传颂。

立俭为训

　　人物简介：诸葛亮，字孔明，号卧龙，徐州琅琊阳都（今山东临沂市沂南县）人，三国时期蜀汉丞相，杰出的政治家、军事家、文学家、书法家、发明家。

　　"鞠躬尽瘁，死而后已"的诸葛亮不仅是忠德的代表，也是俭德的践行者。诸葛亮官居蜀国宰相，位一人之下、万人之上，作为君主身边的红人，哪个不是家财万贯、荣华富贵享用不尽？可是诸葛亮却事奉节俭，力戒奢侈，还把节俭作为家训代代相传。诸葛亮曾向刘禅上表，说不会置办家产、增加家财，等他死后，家里家外都不会有余财。的确，他的家业仅有八百株桑树、田十五顷作为妻子儿女的生活来源。而他本人的衣食住行，统一由朝廷配给，俸资之外分文不取。他的这种节俭不仅体现在平时的生活当中，还经常教育其儿女也要时刻牢记俭德，以俭立德。诸葛亮还在《诫子书》中写道："静以修身，俭以养德，非淡泊无以明志，非宁静无以致远。"这已成为千古箴言，被后人奉为宝贵的精神财富。

白居易曾说"奢者狼藉俭者安，一凶一吉在眼前"，历览古代贤人名人，无一不懂这个道理，时刻奉行俭德。勤俭节约是国人的一种传统美德，是中华民族代代相传的优良传统。小到一个人、一个家庭，大到一个国家、整个人类，要想生存，要想发展，都离不开俭德。

思考探究

1. 现实生活中，你认为有哪些"俭"与"侈"的现象，请举例说明。

2. 你如何理解"节俭"与"吝啬"？怎样才能成为一个具有俭德之人？结合实际谈谈想法。

3. 搜集社会上或身边有关"节俭"的事迹，学习他们的做法。

恕　德

寻根释义

恕，即如人之心，推己及人。意思是用自己的心推想别人的心，用自己的好恶去推想别人的好恶，替自己想也替别人想。

孔子将"恕"视为道德的重要原则。子贡问孔子，人生修养的道理能不能用一句话来概括？孔子回答："其恕乎，己所不欲，勿施于人。"对待他人，首先要尊重，不要妨碍他人，就是为人处世心里要想到他人。怎样替他人着想呢？这个方法是推己及人。孔子说，"能近取譬，可谓仁之方也已。"凡事能就近以自己作比，而推己及人，这就是践行仁的方法。用《礼记·大学》中所说的"絜矩之道"来解释恕道，很能得其要旨。"所恶于上，毋以使下。所恶于下，毋以事上"，意谓如果厌恶上司对你的某种行为，就不要用这种行为去对待你的下属；如果厌恶下属对你的某种行为，就不要用这种行为去对待你的上司。朱熹曾说，孔子思想博大精深，不易理解和把握，忠恕之道则易懂易行。因此，大力弘扬"己所不欲，勿施于人"的恕道精神，是我们学习和领会孔子思想，传承中华传统文化的一个重要途径。

时代意义

恕道精神早已成为中国人代代相传的生活准则和民族精神的一部分。和谐，是社会主义核心价值观的一项重要内容。弘扬恕道精神，有利于调整社会人际关系，维护社会和谐。

"己所不欲，勿施于人"，推己及人，助人为乐，一方有难八方支援，设身处地为别人想一想，民间常说的将心比心等体现互助互谅的精神，都是恕道精神的具体表现。荀子认为，"恕"是人们端正品行的重要原则。张载认为，"忠恕"乃是圣人之道，人如能做到恕就是仁人了。程颢、程颐继承了推己则为恕的思想，认为人对上应该尽忠，待下应该尽恕。王廷相主张，君子要待人常恕。当一个人能设身处地为他人、为社会着想，人间就会充满爱意、礼让和公正。所以，即使是在充满竞争气息的今天，恕道仍是我们每个人应该恪守的美德。恕不仅指明了人类社会人与人相处的基本道德准则，而且对于促进当今世界的和平也具有重要的意义。

2019 年 11 月 11 日，习近平主席在参观希腊比雷埃夫斯港时这样诠释道："中国人自古以来信奉'己所不欲，勿施于人''天下为公''和谐万邦'的理念，中国绝不会搞国强必霸，也不认同你输我赢的零和游戏，因为中国人从来没有这种文化基因，也没有这种野心。"这种价值追求体现出了中国传统文化的基本精神，深刻有力地说明了我们实行和平外交政策的文化根据，同时也彰显了"己所不欲，勿施于人"的当代价值。

仁德名言

1. 和以处众，宽以接下，恕以待人，君子人也。（林逋《省心录》）

2. 强恕而行，求仁莫近焉。（《孟子》）

3. 以心度物曰恕。（《声类》）

4. 以己量人谓之恕。（《贾子道术》）

5. 恕，仁也。（《说文》）

6. 忠恕违道不远。施诸己而不愿，亦勿施于人。（《礼记·中庸》）

7. 君子有三恕。有君不能事，有臣而求其使，非恕也；有亲不能孝，有子而求其报，非恕也；有兄不能敬，有弟而求其顺，非恕也。（《孔子家语》）

8. 人虽至愚，责人则明；虽有聪明，恕己则昏。苟能以责人之心责己，恕己之心恕人，不患不至圣贤地位也。（《宋史·范纯仁传》）

9. 恕者，了己了人，明始明终之意。（《论语·里仁》）

10. 唯俭可以助廉，唯恕可以成德。（《宋史·范纯仁传》）

仁德佳话

梁楚之欢

人物简介：宋就，刘向《新序·杂事第四》中的一个人物。刘向，原名更生，字子政，祖籍沛郡（今属江苏徐州）人，西汉经学家、目录学家、文学家。

梁国有一位大夫叫宋就，他曾做过一个边境的县令，此县和楚国相邻界。梁国的边境兵营和楚国的边境兵营都用各自的方法在种瓜，收成却相距甚远。原来，梁国戍边的人勤劳努力，经常浇灌瓜田，瓜自然长得好。而楚国士兵懒惰，很少浇灌瓜田，瓜自然就长得不好，因此常常受到县令的怒责。

楚国士兵的心里便忌恨梁国士兵的瓜种得比自己的好，于是夜晚偷偷去翻动他国的瓜田，所以梁国的瓜总是枯死。梁国士兵发现了此事，便请求县尉，允许他们去翻动楚国士兵的瓜田作为报复。县尉又拿此事向宋就请示，宋就说："唉！这怎么行呢？结下了仇怨，是惹祸的根苗呀。人家使坏你也跟着使坏，怎么心胸狭小得这样厉害！要让我教给你办法，一定要每晚都派人去偷偷地浇灌好他们的瓜田，并且不要让他们知道。"于是，梁国士兵便每天趁夜间偷偷地去浇灌楚兵的瓜田。楚国士兵早晨去瓜田巡视，发现瓜田都浇过水了，瓜也一天比一天长得好了。楚国士兵感到非常奇怪，便留意起来，才发现原来是梁国士兵做的。楚国县令听说了此事很高兴，于是向楚王报告这件事。楚王听了，反而既忧愁又惭愧。楚王告诉主管官吏说："调查一下那些到梁国瓜田里捣乱的人，他们莫非还有其他罪过吗？这是梁国人在暗中责备我们呀。"于是拿出了丰厚的礼物，向宋就表示歉意，并请求与梁王结交。

我们在处理各种社会关系的时候，凡事都要宽容大度，以大局为重。"退一步海阔天空"的做法绝不是怯懦，而是以退为进，将冲突的可能化解掉，从而把矛盾对立的紧张局势转化为对双方有利的和平共处局面。这便是恕的运用。

孔子不怨

人物简介：孔子，名丘，字仲尼，春秋末期鲁国陬邑（今山东曲阜）人，大思想家、教育家。

鲁昭公二十五年，鲁国三家最有势力的贵族把国君赶跑了，鲁国陷入混乱。孔子看到这里的局势不安定，就决定到齐国去推行自己的政治理想。

齐景公对孔子的观点非常欣赏，准备重用他。齐国的相国晏婴听说了这件事，便急忙劝阻齐景公说："孔丘那套主张根本不切实际。尤其是那些繁文缛节，很难贯彻执行。他的话您听听也就罢了。"齐景公觉得晏婴的话有道理，就放弃了重用孔子的想法。有人向孔子透露，是晏婴在国君面前说了他的坏话。孔子却说："虽然晏婴和我的主张不同，但是我仍认为他是个好人。那齐国奢侈成风，但是他身为相国，一件皮袍竟也穿了三十年，一直坐着那辆老马车。国君要给他换一辆华贵的马车，他坚决拒绝了。我听说，他很爱结交朋友，并且对朋友很有礼貌。这些正是干大事业的人的风度啊！尽管晏婴背后说我的话，我不赞同，但是我并不因此怨恨他。"

对说过自己坏话的人，不但不嫉恨，反而能实事求是地评价，孔子的这种精神令人敬重。孔子一生都提倡忠恕之道，他不但在周游列国之时劝告各国的诸侯实行恕道，而且自己也在亲身体验，努力实践。

楚王绝缨

人物简介：楚庄王，又称荆庄王，芈姓，熊氏，名旅，楚穆王之子，春秋时期楚国国君，春秋五霸之一。

有一次，楚庄王宴请群臣，喝得正酣，此时蜡烛却突然灭了。有个大臣趁着黑灯瞎火调戏了楚庄王的美姬，但这位美姬也在黑暗中扯下了这个人的帽缨。美姬告诉楚庄王说："刚才有人调戏我，但我已经把他的帽缨扯下来了，你赶紧叫人点灯，一看便知道是谁了。"楚庄王却说："是我让他们喝酒的，醉后失礼是人之常情，怎么能为了要显示妇人的贞洁而使臣子受辱呢?!"于是马上命令群臣说："今天与我喝酒的，不扯断帽缨不尽兴。"大臣们就纷纷把帽缨扯掉了，然后点灯接着喝酒，尽欢而散。

三年后，晋国与楚国交战，有一位大臣率军迎敌，敢当先锋，为大军杀出了一条血路，最终楚庄王取得了胜利。楚庄王感到奇怪，就问这位大臣说："我的德行浅薄，从来没有特殊优待过你，你为什么如此舍命拼杀呢?"这位大臣跪拜在地上，说:"罪将只能将功折罪，才能报答您的不杀之恩啊!"原来，这位大臣就是当年在宴会上帽缨被扯掉的那个人。楚庄王没有当场治罪于他，这让他心怀感激，才有了今日的舍命相报。后来，晋军被打败了，楚国强盛起来。

如果君主能尊重他的臣子，官吏们就会对他忠心耿耿了。楚庄王能够将心比心，顾及臣子的脸面，这为他赢得了人心。楚庄王的博大胸襟体现了替他人着想，推己及人的恕道精神。

思考探究

1. 你认为社会上有哪些"恕"与"不恕"的现象?

2. 请搜集三个社会现实中与"恕"相关的具体事例。

3. 为了使中学生更加深入地理解"恕"的内涵，并能用具体行动来践行"恕"道精神，你认为可以在学校或本地开展哪些活动?

廉　德

寻根释义

"百行德为首"，作为道德的重要范畴，"廉德"是清廉之德，廉洁之德，是人世不可舍弃的行为规范，是社会生活中人们关注的焦点，是个人品德中永不衰竭的话题。何谓"廉"呢？《说文解字》曰："堂之边曰廉，天子之堂九尺。诸侯七尺。大夫五尺。士三尺。堂边皆如其高。"顾名思义"廉"的古义指堂屋的侧边、棱角，取其"方、直"之义，以此喻人正直。《广雅·释诂》有"廉，清也"。又，"廉""敛"叠韵，所以《释名》称"廉，敛也，自检敛也"，亦即为人自身加以检点、收敛约束也是廉。"廉"字本身也告诉我们，加强内在的修身、内在操守、内在的自我警醒，把制度内化为自身行动的准则，坦荡无私心。

君子以廉洁立德，中国历代思想家、政治家特别重视廉德，廉以养德，淡以明志，静以修身。廉是一个人成事之基、立业之本。

时代意义

中国，自古就是礼仪之邦、道德之国，无论是孔子还是孟子，无论是屈原还是范仲淹，廉洁之风、修身之气，贯穿始终。曾巩为民废职田，苏同拒收润笔费，公孙仪拒鱼的故事时时回响在耳畔。我们临川出的一代贤相王安石也是典范，他公私分明，处事公允，对事不对人，上书力救苏轼的故事就彪炳史册。再说明朝的著名文学家汤显祖，虽被贬偏僻山区小县但仍一心为公，公正廉洁，造福当地百姓，德泽一方，受人敬仰。

廉洁是体现纯洁的品质，是心灵深处的美德。"不以善小而不为，不以恶小而为之"。中学时期是个人世界观、人生观和价值观形成的关键时期，廉洁修身教育，在踏入社会之前掌握和造就认识腐败、抵制腐败的分辨力与免疫力，自觉抵制和监督腐败行为，将对未来的人生道路产生积极影响。廉洁修身，乃齐家之始、治国之源、平天下之基。廉洁也是做人的根本。因此，青少年应从小树立"以廉为荣、以贪为耻"的道德观与荣辱观，构筑起一条拒腐防变的牢固思想道德防线，将来做一名合格的社会主义接班人。

党的十八大以来，新一届中央领导集体高度重视党风廉政建设和反腐败工作，提出了新理念、新思路和新举措。习近平总书记发表了一系列重要讲话，从党和国家发展全局出发，深刻阐述了党风廉政建设和反腐败斗争的重大理论和实践问题。

仁德名言

1. 历览前贤国与家，成由勤俭破由奢。（李商隐《咏史》）

2. 富与贵，是人之所欲也。不以其道得之，不居也。（《论语·里仁》）

3. 廉者，民之表也；贪者，民之贼也。（包拯《乞不用赃吏疏》）

4. 清风两袖朝天去，免得闾阎话短长。（于谦《入京诗》）

5. 天公平而无私，故美恶莫不覆，地公平而无私，故大小莫不载。（《管子·形势解说》）

6. 人非善不交，物非义不取。（邵雍《戒子孙》）

仁德佳话

以廉为宝

人物简介：乐喜，字子罕，春秋时期宋国贤臣。

于宋平公时任司城，主管建筑等，位列六卿。

《左传》中记载，宋襄公十五年（公元前638年），有一人得一洁白无瑕的宝玉，跑去献给大夫子罕，并说："如此稀世之宝，只有您这样清正的大人物才能佩带！"子罕回答："美玉是你的宝贝，'不贪'是我的'宝贝'。假如我收下你的宝贝，那么我俩都没有宝贝了，咱们还是各自守住自己的宝贝吧！"这是子罕对人品的理解，将自尊自爱视若宝物。而回答得也精妙绝伦。来人见子罕言衷意诚，只好红着脸收回自己的宝贝走了。从此，"人贵不贪"便成为千古名言。

人应该具有高尚的品德，那才是世上最宝贵的东西。人各有其宝。宋国那个献玉的人认为人世间最珍贵的是玉，所以把美玉献给子罕；而子罕认为人世间最珍贵的是廉洁。这叫"人各有其宝"，或叫人各有其志。这是不同的人生观的反映。我们要赞扬子罕不贪的品质。做官的要是都有子罕这样"不贪"

的品德，那社会就清明得多了。

成龙禁礼

人物简介：于成龙，字北溟，号于山，清代山西永宁州（今山西省吕梁市方山县）人。于成龙在20余年的宦海生涯中，三次被举"卓异"，以卓著的政绩和廉洁刻苦的一生，深得百姓爱戴，被康熙帝赞誉。

清代于成龙，被康熙帝誉为"天下廉吏第一"，历任都察院左都御史、镶红旗汉军都统、河道总督等职。初任直隶巡抚时，大名县县官在中秋节前给他送了一份"中秋礼"。于成龙严词拒绝，并为此颁布了《严禁馈赠檄》通报了大名县县官的送礼行为，并明令所属官员，今后逢年过节如果再有私送者，严惩不贷。逢年过节，或长官家人中有生死病伤婚寿者，往往成为下属送礼的大好机会。下属借机行贿邀宠，长官也借此大发其财。政府常为此发文禁止。但如果不能像于成龙那样，抓个典型通报批评，敢有违反者决不宽恕，那禁令便成了一纸空文，官样文章。

俗话说："公生明，廉生威。"一代廉吏于成龙印证了这句话。他之所以赢得同僚的敬佩、百姓的爱戴，就是因为他公而忘私、两袖清风。一人行之成典范，众人行之成风尚。一个人做对的事情，有好的德性，会慢慢让周围的人也越变越好。培养品德的过程，可以从一个德性培养开始，当把这个德性巩固好，其他德性也会慢慢培养起来。

罗伦还钏

人物简介：罗伦，明代理学家、状元。字应魁，一字彝正，号一峰。吉安永丰（今属江西）人。学术上笃守宋儒为学之途径，重修身持己，尤以经学为务。为文有刚毅之气，诗作磊落不凡，著有《一峰集》。

罗伦，自小家境贫寒，父母担心他对物质有贪求，常常督促他学习圣贤经典，对他的教育着重在一个"廉"字。伴随着经典和父母的教诲罗伦渐渐长大，他立志要做一个为民谋福的人。二十岁举行弱冠礼后不久，罗伦就在一位家仆的陪伴下，踏上了赴京赶考之路。家仆在寓所里拾得了金镯子。在路上已经走了五天了，罗伦偶然忧愁着自己的路费不够。家仆说道，我拾得了金镯子，这是可以做路费的。罗伦听了很生气，就要回去归还。家仆说，这样来回一趟，要费许多日子，恐怕会延误考试的日期。罗伦说，这一定是丫鬟女仆们不小心遗失的，倘若主人拷问起来，因此发生了人命，这是那个人的错处呢。我宁可不去会试，也不要使得人家因此丧了命。于是两人便匆匆赶回了丢金镯的府邸。不出罗伦所料，府内主人正因金镯之事在责罚丫鬟，差点就送官了。幸好罗伦他们及时赶到，免除了一场不必要的纠纷。留下金镯，罗伦和家仆便又继续赶路。在一些好心人的帮助下，他们顺利赶到京城，赶上了考试。更可喜的是，罗伦在这场考试中高中状元，之后做了一方父母官。

做官后，罗伦清廉公正、兢兢业业，深受当地百姓爱戴。他的正直廉洁，为当地百姓树立了很好的榜样，所到之地，便有一股"廉洁"之风，当地的百姓也把"廉"作为教育孩子的重要内容。

思考探究

1. 廉洁修身是中华民族的传统美德，新时代的中学生该怎样加强廉洁修身呢？

2. 谈谈我校要如何加强校园廉德文化建设，营造开展廉德教育的良好氛围？

3. 搜集社会上或身边有关"廉德"的事迹，学习他们的做法。

廉中八景

三台山下景色美，百年名校面貌新。2019 年廉江中学百年华诞，政府投入，校友出资，各界支持，钟灵毓秀的学习圣地旧貌展新姿，八景初现。2020 年 6 月，学校确定八景为百年史馆、仁德广场、廉中赋石、劝学钟亭、玉兰争妍、诗韵长廊、名人广场、三台观月。

1. 百年史馆

百年史馆是廉江中学的校史展馆。它始建于民国，是廉江市重点保护文物，位于廉江中学的中心位置，从学校正门进入即见，是廉江中学最具标志性的建筑。

百年史馆是重檐歇山顶式建筑，格局与北京天安门城楼类同。其外观呈朱红色，复檐二层，四角飞檐，琉璃瓦面，红绿相间，顶部中央饰以岭南特色的彩釉双龙戏珠，四周有红色圆柱20根，形成围廊。从正面看，大门上方的横批位置可见"校史展馆"四字标牌；中间两根柱上挂着一副红木金字的对联，上联是"龙腾九州惊四海"，下联为"凤鸣三台闻八方"。校史展馆原来没有此副对联，2019年百年校庆前装饰上去的。一层屋檐的下方、红墙的顶部，从右往左分别题有"钟灵毓秀""孕育英才""揆文奋武"三组金色大字；二层屋檐的中间位置悬挂着廉江中学校徽。正面外墙左下方也有一块石碑，上面刻有"廉江县重点文物保护单位，廉中阅览室（旧称神主厅），廉江县人民政府立"等字样。右下方镶有一块石碑，碑文清晰，上面的文字为"中华民国三十五年（1946年）一月十八日子时奠基，县长黄镇、董事长邹武等立"。

百年史馆古色古香，雕梁画栋，室内是廉江中学百年办学成果陈列，图文并茂。校史展馆庄严、神秘，散发着浓浓的历史文化味道，是照相留念的首选之处。

2. 仁德广场

　　仁德广场位于廉江中学德明楼和德顺楼一楼的架空层，是弘扬中国传统文化的重要阵地，也是新时代廉江中学办学文化的集中展示地。

　　仁德广场主席台位于东侧，意为紫气东来，以仁为本，立德树人。东面的墙上，"仁德广场"四个金色的宋体大字镶在红色底板上，下方衬有"仁者无忧，德行天下"一行小字。墙的左面有一框挂图，诠释仁德的含义，即"以仁立德、以仁育德、以仁养德、以仁润德、立德修身、立德树人"。

　　广场北侧的画框，展示新时代廉江中学的办学文化。从右往左分别是仁德工程、四仁八德、仁德理念、仁德课堂，共四大板块。其中，仁德工程包括打造五个校园和实施"五个一"项目两个方面。"五个校园"即文化校园、文明校园、智慧校园、艺术校园、幸福校园。"五个一"项目即精读一部经典著作、参加一个社团活动、专于一项体育项目、擅长一门艺术特长、写一手好字。

仁德广场是廉江中学青云健跑活动的起跑点。青云健跑的寓意为"仁德为本，登青云梯、跑青云道、立青云志"，体现了学校对广大学子的深切期望。

仁德广场南侧树木扶疏，飞鸟幽鸣，景色雅致。在仁德广场中行走，手抚方柱上的挂画，轻吟古代圣贤的名言佳句，思索圣人孔子的"仁者爱人""克己复礼"的深层内涵，畅想先秦诸子争鸣的盛景，信可乐也。

3. 廉中赋石

廉中赋石矗立于正门操场的东北角，是一块刻有《廉江中学赋》的巨石。2019 年学校百年华诞，95 届罗家其和 99 届吴尚晓两位校友捐资兴建，以示祝贺。

《廉江中学赋》浓缩廉江中学百年文化，气势如虹，字字珠玑，激荡人心，既体现廉中"搅文奋武、孕育英才"的传统，又体现新时代廉中"传承创新、多元发展"的办学理念。廉中赋石由张旭、涂惠娟策划，屈金星顾问，著名辞赋家张艳丽撰文，罗秋平书丹。巨石通体金黄，方中带圆，带美玉之温润，底部有绿植红花环绕。远看赋石仿若立起的砚台，有"磨砚点墨书丹青，著文载史写春秋"之感。

夜色迷蒙，在灯光的映衬下，廉中赋石又是一番韵味。夜光暖照，彩石流光。廉中赋石，厚重深沉，如百年廉中之历史。隶书红描，如谦谦君子之文雅。低声轻吟《廉江中学赋》，追忆五四风云，三台烟起，辗转数地而风浪破，筚路蓝缕名校生。百年廉中，砥砺前行，弦歌不辍，英才辈出。

廉中赋石是百年廉中教育成就的缩影，赋文佳句连连、文质彬彬、句句涵泳，可品百年廉中的神韵。

4. 劝学钟亭

　　劝学亭位于学校正门操场东侧，在廉中赋石的后面。劝学亭于 2007 年廉江中学八十八周年校庆期间建成，由六柱、七阶、八角、九圆、一围栅、一铜钟构成。六条圆柱支撑顶部，有顶天立地之意。步入圆环形阶梯，逐级而上，意为步步高升。八角飞檐，有冲入云霄之势，意示志气高远。六柱、七阶、八角也暗合"录取吧"谐音，寄寓学子金榜题名的愿望。劝学亭顶部黄色圆球与八角白色小圆球以玉带相连的方式，形成流水线，其余地方用琉璃红瓦装饰，气息古朴而又高贵。

劝学亭顶部悬挂着一个大铜钟，钟口边呈月牙状，钟身雕刻"劝学钟"三字及《劝学》名句。上面清晰可见文句：

"学不可以已，青，取之于蓝，而青于蓝；冰，水为之，而寒于水。"铜钟是时间之钟，提醒学子珍惜时间，勤奋学习；铜钟是劝学之钟，提醒学子志存高远，放飞梦想；铜钟也是警示之钟，提醒学子警钟长鸣，居安思危。

晨钟和鸣，书声朗朗。廉江中学创建于 1919 年，文化底蕴深厚，钟灵毓秀，地灵人杰，钟亭劝学，声声不息。

5. 玉兰争妍

　　玉兰争妍是指廉江中学主教学楼东侧一处园林，与对面的诗韵长廊隔路相望，因有一块玉兰石和三棵玉兰树而得名。园林北侧靠校道的位置有一块黄褐色的景观巨石，即玉兰石，为92届学生捐赠，上面刻有"玉蘭争妍，桃李芬芳"八个大字。2019年百年校庆期间，90届谢东、92届阮彬、95届罗家其三位校友分别捐赠三株玉兰树植于园内。玉兰花语为报恩，寄寓着校友对母校的感恩与祝福之情。玉兰树与周围的绿树红花交相辉映，玉兰花开，暗香流动，漫步其间，吸天地灵气，身心爽快，气定而神闲。

　　玉兰，古又称木兰、辛夷，花瓣洁白，香气清幽，枝干挺拔，片片花瓣努力向上，极尽本能地伸展，像要伸到云端里去。它们积蓄力量，争相追求光明，每一片花瓣又都凝着一层淡淡的从容。"多情不改年年色，千古芳心持赠君"，玉兰那千古以来的高洁之心正是馈赠君子的佳物，屈原《离骚》亦有"朝饮木兰之坠露兮，夕餐秋菊之落英"，反映了人们对美好事物的向往和追求。

　　玉兰争妍景致迷人，加上廉中人对玉兰树情有独钟，往届学子回到母校，常常在此拍照留念，以托情思。

6. 诗韵长廊

　　诗韵长廊位于廉江中学东侧，是德理楼前的一处绿廊，西连博学亭。诗韵长廊清幽雅静，是廉中学子晨读晚练的好地方。

　　从办公楼右侧校道上坡，即见博学亭。博学亭由 95 届学生于 2015 年 7 月捐建，是一座仿古的六角亭，亭子周边设有石凳和钢制护栏，方便游人学子休憩赏景。博学亭东侧为"诗韵长廊"，两者相连，合为一景。站在博学亭向东看，可见绿廊上方镶有"诗韵长廊"四个大金字。长廊内两侧设有中式古典屏风，上有古今诗词，韵味浓浓。长廊北侧密植杜鹃，枝条蔓延，繁茂的绿条覆盖横石盘绕于长廊的顶部，蓊蓊郁郁，犹如青龙盘空，遮天蔽日。长廊南面是一小片斜草坡，长年绿意盈盈，生机勃勃。杜鹃亦名映山红，在革命时代，一曲《映山红》唱出了百姓对红军到来的期盼，暗含人民对美好的追求。

如今，莘莘学子在长廊下轻吟诗文，以诗会友，红花映衬，一簇簇红色的花朵如同廉中学子一颗颗燃烧的红心。

诗韵流长，杜鹃盖顶，绿草茵茵，一景一物总关情。诗韵长廊连接历史，通向未来，既留下历届学子一段段美好的青春印记，又点燃新时代进步青年对未来的种种期许。百年校庆期间，为美化校园，诗韵长廊装上了灯光。夜幕降临，灯光亮起，亭廊熠熠生辉，诗意随光流溢，引人驻足。

7. 名人广场

　　廉江中学名人广场位于在廉江中学体育馆门前，位置处于山顶运动场与科学楼之间。此处旧称二级平台，2019年百年校庆之前，学校改建为名人广场。

　　名人广场以清华北大校友和古代名人为题材设计而成。广场北面设置了一排胡桃木色的橱窗，上面介绍廉江中学14位清华北大校友发奋求学的故事。广场周边饰以花岗岩石刻护栏，53块石制栏杆以"古碑坛"的碑刻形式呈现古今名人名言。石刻内容涉及政治、文化、科技等领域的名人。广场北侧水泥墙的上方设置名人墙，展示历代文化名人。从春秋时期老子的"企者不立、跨者不行"，到孔子的仁义礼智信；从心怀天下、忧国忧民的爱国诗人杜甫，到追求豁达超然的人生态度、豪放派诗人苏轼；从"民族脊梁"的鲁迅，到"中国人讲骨气"的吴晗，再到强烈寻找理想的愿望与坚强不屈的现代诗人顾城等，营造了浓郁的文化氛围。

　　名人广场的东侧是一处别致的园林景观。小径清幽，层次错落，杂植凤凰树、苏铁等名贵观赏性植物，绿意盎然，蜂蝶出没。闲步其中，抚树观花，思索人生，让人流连忘返。

　　名人广场是学子励志的理想之地，也是感受中国传统文化的佳处。游览此地，受名人才气的影响，不禁顿生鸿鹄之志，宛若踏上名人的足迹，不由自主地畅想华美的人生。

8. 三台观月

　　观月台位于后岭运动场的西北角，因廉江中学后岭名字为三台山，故名"三台观月"。从仁德广场出发，沿青云梯拾级而上，到达山顶运动场西面入口，横穿运动场即到观月台。

　　置身观月台，三台胜景一览无遗，观景时段，以早晚为佳。晨曦初现，薄雾蒙蒙，向东可见山顶云雾缥缈，飞檐隐约。旭日东升，清风徐来，山鸟畅鸣，让人遐想。傍晚时分，落日西沉，彩霞满天，远山云绕，群鸟暮归，宛如一幅壮丽的画卷。华灯初上，廉江大道车水马龙，霓虹闪烁，热闹非凡。环视廉城，万家灯火，流光溢彩，都市之繁华尽收眼底。月明星稀之夜，树影斑驳，三五知己相约观月台，凭栏远眺，畅叙幽情，谈古论今，人生一大快事。

观月台是学校的制高点，站立于此，让人心旷神怡。登高望远，一览众山小，让人豪气自生。

仁德广场

先師孔子行教像

1. 知人者智，自知者明。

（老子《道德经》）

2. 上善若水，大爱无疆。

（老子《道德经》）

3. 子曰："仁远乎哉？我欲仁，斯仁至矣！"

（《论语·述而》）

4. 子曰："德之不修，学之不讲，闻义不能徙，不善不能
改，是吾忧也。"

（《论语·述而》）

5. 子曰："不义而富且贵，于我如浮云。"

（《论语·述而》）

6. 子曰："里仁为美，择不处仁，焉得知？"

（《论语·里仁》）

7. 士不可以不弘毅，任重而道远。

（《论语·泰伯》）

115

8. 三军可夺帅也，匹夫不可夺志也。

(《论语·子罕》)

9. 知者不惑，仁者不忧，勇者不惧。

(《论语·子罕》)

10. 知者乐水，仁者乐山，知者动，仁者静，知者乐，仁者寿。

(《论语·雍也》)

11. 志士仁人，无求生以害仁，有杀身以成仁。

(《论语·卫灵公》)

12. 与朋友交，言而有信。

(《论语·学而》)

13. 人而不仁，如礼何？人而不仁，如乐何？

(《论语·八佾》)

14. 老吾老，以及人之老；幼吾幼，以及人之幼。天下可运于掌。

(《孟子·梁惠王下》)

15. 躬自厚而薄责于人。

(《论语·卫灵公》)

16. 子曰："刚、毅、木、讷，近仁。"

(《论语·子路》)

17. 子曰："君子义以为质，礼以行之，孙以出之，信以成之。君子哉!"

(《论语·卫灵公》)

18. 子曰："出门如见大宾，使民如承大祭。己所不欲，勿施于人。在邦无怨，在家无怨。"

(《论语·颜渊》)

19. 子曰："当仁，不让于师。"

(《论语·卫灵公》)

20. 子曰："君子固穷，小人穷斯滥矣。"

(《论语·卫灵公》)

21. 不患人之不己知，患不知人也。

(《论语·学而》)

22. 古之学者为己，今之学者为人。

（《论语·宪问》）

23. 君子上达，小人下达。

（《论语·宪问》）

24. 志于道，据于德，依于仁，游于艺。

（《论语》）

25. 道之以德，齐之以礼，有耻且格。

（《论语·为政》）

26. 子夏曰："博学而笃志，切问而近思，仁在其中矣。"

（《论语·子张》）

27. 不仁者不可以久处约，不可以长处乐。

（《论语·里仁》）

28. 事父母，能竭其力；事君，能致其身；与朋友交，言而有信。虽曰未学，吾必谓之学矣。

（《论语·学而》）

29. 君子坦荡荡，小人长戚戚。

（《论语·述而》）

30. 吾日三省吾身：为人谋而不忠乎？与朋友交而不信乎？传不习乎？

（《论语·学而》）

31. 夫仁者，己欲立而立人，己欲达而达人。

（《论语·雍也》）

32. 吾十有五而志于学。

（《论语·为政》）

33. 其身正，不令而行；其身不正，虽令不从。

（《论语·子路》）

34. 仁者安仁，知者利仁。

（《论语·里仁》）

35. 樊迟问仁，曰："仁者先难而后获，可谓仁矣。"

（《论语·雍也》）

36. 君子和而不同，小人同而不和。

(《论语·子路》)

37. 穷则独善其身，达则兼济天下。

(《孟子·尽心上》)

38. 责人之心责己，恕己之心恕人。

(《增广贤文》)

39. 非我而当者，吾师也；是我而当者，吾友也；谄谀我者，吾贼也。

(《荀子·修身》)

40. 仁之实，事亲是也。

(《孟子》)

41. 好学近乎知，力行近乎仁，知耻近乎勇。

(《中庸》)

42. 强中自有强中手，莫向人前满自夸。

(冯梦龙《警世通言》)

43. 君子博学而日参省乎己，则知明而行无过矣。

（荀子《劝学》）

44. 天见其明，地见其光，君子贵其全也。

（荀子《劝学》）

45. 以爱己之心爱人，则尽仁。

（张载《正蒙·中正》）

46. 积德虽无人见，行善自有天知。

（《太上感应篇》）

47. 人为善，福虽未至，祸已远离；人为恶，祸虽未至，福已远离。

（《太上感应篇》）

48. 夫君子之行，静以修身，俭以养德。

（诸葛亮《诫子书》）

49. 非淡泊无以明志，非宁静无以致远。

（诸葛亮《诫子书》）

50. 君子赠人以言，庶人赠人以财。

(《荀子·大略》)

51. 居心要宽，持身要严。

(申居郧《西岩赘语》)

52. 大学之道，在明明德，在亲民，在止于至善。

(《礼记·大学》)

53. 仁者，无敌于天下。

(《孟子》)

54. 爱人者，人恒爱之；敬人者，人恒敬之。

(《孟子·离娄章句下》)

55. 勿以身贵而贱人，勿以独见而违众，勿持功能而失信。

(诸葛亮《诫子书》)

56. 仁者爱人，有礼者敬人。

(《孟子》)

57. 以至诚为道，以至仁为德。

（苏轼《上初即位论治道二首·道德》）

58. 见利不亏其义，见死不更其守。

（《礼记·儒行》）

59. 天不为人之恶寒而辍冬，地不为人之恶辽远而辍广，君子不为小人匈匈也辍行。

（《庄子·天地》）

60. 君子能仁于人，不能使人仁于我；能义于人，不能使人义于我。

（《鲁连子》）

61. 仁者荣，不仁者辱。

（《孟子》）

62. 仁不异远，义不辞难。

（《汉书》）

63. 君子笃于义而薄于利，敏于事而慎于言。

（陆贾《新语·本行篇》）

64. 爱亲者，不敢恶于人；敬亲者，不敢慢于人。

（《孝经·天子章》）

65. 弟子规，圣人训。首孝悌，次谨信。泛爱众，而亲仁。有余力，则学文。

（《弟子规》）

66. 赤子颙颙瞻父母，已将仁德比乾坤。

（和凝《宫词百首》）

67. 仁德乘波来，俱会三秀岭。

（佚名《八月十六日夕请灵真人授诗》）

68. 鉴于前人，繁我仁德。

（尹洙《皇雅十首·皇治》）

69. 君子莫大乎与人为善。

（《孟子·公孙丑上》）

70. 厚者不毁人以自益也，仁者不危人以要名。

（《战国策·燕策三》）

71. 才者，德之资也；德者，才之帅也。

（司马光《资治通鉴》）

72. 知、仁、勇三者，天下之达德也。

（《中庸》）

73. 满招损，谦受益。

（《尚书·大禹谟》）

74. 君子抱仁义，不惧天地倾。

（唐·王建《赠王侍御》）

75. 恻隐之心，仁之端也；羞恶之心，义之端也；辞让之心，礼之端也；是非之心，智之端也。

（《孟子》）

76. 君子之行，动则思义，不为利回，不为义疚。

（《后汉书》）

77. 智者不危众以举事，仁者不违义以要功。

（《后汉书》）

78. 汝若全德，必忠必直，汝若全行，必方必正。

（唐·元结《自箴》）

79. 诚者，天之道也；诚之者，人之道也。

（《礼记·中庸》）

80. 富贵不能淫，贫贱不能移，威武不能屈。

（《孟子·腾文公下》）

81. 源洁则流清，行端则影直。

（王勃《上刘右相书》）

82. 以家为家，以乡为乡，以国为国，以天下为天下。

（《管子·牧民》）

83. 与人善言，暖于布帛；伤人以言，深于矛戟。

（《荀子·荣辱》）

84. 贤不肖不可以不相分，若命之不可易，若美恶之不可移。

（《吕氏春秋》）

85. 孝子不谀其亲，忠臣不谄其君，臣子之盛也。

（《庄子》）

86. 事其亲者，不择地而安之，孝之至也。

（《庄子》）

87. 乐民之乐者，民亦乐其乐；忧民之忧者，民亦忧其忧。

（《孟子·梁惠王下》）

88. 君子之交淡若水，小人之交甘若醴。君子淡以亲，小人甘以绝。

（《庄子·山木》）

89. 孝在于质实，不在于饰貌。

（桓宽《盐铁论·孝养》）

90. 生亦我所欲也，义亦我所欲也；二者不可得兼，舍生而取义者也。

（《孟子·告子上》）

91. 礼者，断长续短，损有余，益不足，达爱敬之文，而滋成行义之美也。

（《荀子》）

92. 出淤泥而不染，濯清涟而不妖。

（周敦颐《爱莲说》）

93. 人之有德于我也，不可忘也；吾有德于人也，不可不忘也。

（《战国策·魏策》）

94. 三人行，必有我师焉，择其善者而从之，其不善者而改之。

（《论语·述而》）

95. 不登高山，不知天之高也；不临深渊，不知地之厚也。

（《荀子·劝学》）

96. 人之憎我也，不可不知也；吾习人也，不可得而知也。

（《战国策·魏策》）

97. 海不辞水，故能成其大；山不辞土石，故能成其高。

(《管子》)

98. 疾风知劲草，板荡识诚臣。

(李世民《赐萧瑀》)

99. 义者，心之养也；利者，体之养也。

(董仲舒《春秋繁露·身之养重于义》)

100. 君子义以为质，得义则重，失义则轻，由义为荣，背义为辱。

(陆九渊《与郭邦逸》)

101. 天时不如地利，地利不如人和。

(《孟子·公孙丑下》)

102. 名节重泰山，利欲轻鸿毛。

(于谦《无题》)

103. 勿以恶小而为之，勿以善小而不为。惟贤惟德，能服于人。

(刘备《三国志·蜀志传》)

104. 谁言寸草心，报得三春晖。

（孟郊《游子吟》）

105. 兄弟敦和睦，朋友笃诚信。

（陈子昂《座右铭》）

106. 积善之家，必有余庆；积不善之家，必有余殃。

（《周易·坤》）

107. 作德，心逸日休；作伪，心劳日拙。

（《尚书·周官》）

108. 富润屋，德润身，心广体胖。

（《尚书·周官》）

109. 爱而知其恶，憎而知其善。

（《礼记·曲礼上》）

110. 夫仁人者，正其谊不谋其利，明其道不计其功。

（《汉书·董仲舒传》）

唐 诗 园

登鹳雀楼

[唐] 王之涣

白日依山尽，黄河入海流。

欲穷千里目，更上一层楼。

咏　柳

[唐] 贺知章

碧玉妆成一树高，万条垂下绿丝绦。

不知细叶谁裁出，二月春风似剪刀。

从军行其四

[唐] 王昌龄

青海长云暗雪山，孤城遥望玉门关。

黄沙百战穿金甲，不破楼兰终不还。

少年行

[唐] 王　维

新丰美酒斗十千，咸阳游侠多少年。

相逢意气为君饮，系马高楼垂柳边。

送元二使安西

[唐] 王　维

渭城朝雨浥轻尘，客舍青青柳色新。
劝君更尽一杯酒，西出阳关无故人。

望天门山

[唐] 李　白

天门中断楚江开，碧水东流至此回。
两岸青山相对出，孤帆一片日边来。

朝发白帝城

[唐] 李　白

朝辞白帝彩云间，千里江陵一日还。
两岸猿声啼不住，轻舟已过万重山。

凉州词

[唐] 王　翰

葡萄美酒夜光杯，欲饮琵琶马上催。
醉卧沙场君莫笑，古来征战几人回？

134

逢入京使

[唐] 岑 参

故园东望路漫漫，双袖龙钟泪不干。
马上相逢无纸笔，凭君传语报平安。

塞下曲

[唐] 李 益

伏波惟愿裹尸还，定远何须生入关。
莫遣只轮归海窟，仍留一箭射天山。

别董大

[唐] 高 适

千里黄云白日曛，北风吹雁雪纷纷。
莫愁前路无知己，天下谁人不识君？

江畔独步寻花

[唐] 杜 甫

黄四娘家花满蹊，千朵万朵压枝低。
留连戏蝶时时舞，自在娇莺恰恰啼。

绝 句

[唐] 杜 甫

两个黄鹂鸣翠柳，一行白鹭上青天。
窗含西岭千秋雪，门泊东吴万里船。

登科后

[唐] 孟 郊

昔日龌龊不足夸，今朝放荡思无涯。
春风得意马蹄疾，一日看尽长安花。

早春呈水部张十八员外

[唐] 韩 愈

天街小雨润如酥，草色遥看近却无。
最是一年春好处，绝胜烟柳满皇都。

秋 词

[唐] 刘禹锡

自古逢秋悲寂寥，我言秋日胜春朝。
晴空一鹤排云上，便引诗情到碧霄。

白云泉

[唐] 白居易

天平山上白云泉，云自无心水自闲。

何必奔冲山下去，更添波浪向人间！

南园十三首之五

[唐] 李 贺

男儿何不带吴钩，收取关山五十州。

请君暂上凌烟阁，若个书生万户侯？

题乌江亭

[唐] 杜 牧

胜败兵家事不期，包羞忍耻是男儿。

江东子弟多才俊，卷土重来未可知。

杂 诗

[唐] 无名氏

劝君莫惜金缕衣，劝君惜取少年时。

有花堪折直须折，莫待无花空折枝。

山 行

[唐] 杜 牧

远上寒山石径斜，白云生处有人家。

停车坐爱枫林晚，霜叶红于二月花。

蜂

[唐] 罗 隐

不论平地与山尖，无限风光尽被占。

采得百花成蜜后，为谁辛苦为谁甜？

菊 花

[唐] 黄 巢

待到秋来九月八，我花开后百花杀。

冲天香阵透长安，满城尽带黄金甲。

渔歌子

[唐] 张志和

西塞山前白鹭飞，桃花流水鳜鱼肥。

青箬笠，绿蓑衣，斜风细雨不须归。

雁门太守行

[唐] 李　贺

半卷红旗临易水，霜重鼓寒声不起。
报君黄金台上意，提携玉龙为君死。

浪淘沙

[唐] 刘禹锡

莫道谗言如浪深，莫言迁客似沙沉。
千淘万漉虽辛苦，吹尽狂沙始到金。

名人广场

弱者坐待时机
强者创造时机

——居里夫人

1. 合抱之木，生于毫末；九层之台，起于累土；千里之行，始于足下。

——老子

2. 知之者不如好之者，好之者不如乐之者。

——孔子

3. 志不强者智不达，言不信者行不果。

——墨子

4. 富贵不能淫，贫贱不能移，威武不能屈。

——孟子

5. 道生于安静，德生于卑退；福生于清俭，命生于和畅。

——庄子

6. 不积跬步，无以至千里。不积小流，无以成江海。

——荀子

7. 路漫漫其修远兮，吾将上下而求索。

——屈原

8. 人固有一死，或重于泰山，或轻于鸿毛。

——司马迁

9. 少而好学，如日出之阳；壮而好学，如日中之光；老而好学，如炳烛之明。

——刘向

10. 老骥伏枥，志在千里。烈士暮年，壮心不已。

——曹操

11. 勿以恶小而为之，勿以善小而不为。

——刘备

12. 静以修身，俭以养德，非淡泊无以明志，非宁静无以致远。

——诸葛亮

13. 盛年不重来，一日难再晨，及时当勉励，岁月不待人。

——陶渊明

14. 老当益壮，宁移白首之心？穷且益坚，不坠青云之志。

——王勃

15. 黑发不知勤学早，白首方悔读书迟。

——颜真卿

16. 以铜为镜，可以正衣冠；以古为镜，可以知兴替；以人为镜，可以明得失。

——李世民

17. 长风破浪会有时，直挂云帆济沧海。

——李白

18. 傲不可长，欲不可纵，乐不可极，志不可满。

——魏徵

19. 业精于勤，荒于嬉；行成于思，毁于随。

——韩愈

20. 千淘万漉虽辛苦，吹尽狂沙始到金。

——刘禹锡

21. 试玉要烧三日满，辨材须待七年期。

　　　　　　　　　　　　——白居易

22. 先天下之忧而忧，后天下之乐而乐。

　　　　　　　　　　　　——范仲淹

23. 祸患常积于忽微，而智勇多困于所溺。

　　　　　　　　　　　　——欧阳修

24. 由俭入奢易，由奢入俭难。

　　　　　　　　　　　　——司马光

25. 莫等闲，白了少年头，空悲切！

　　　　　　　　　　　　——岳飞

26. 纸上得来终觉浅，绝知此事要躬行。

　　　　　　　　　　　　——陆游

27. 少年易老学难成，一寸光阴不可轻。

　　　　　　　　　　　　——朱熹

28. 为天地立心，为生民立命，为往圣继绝学，
为万世开太平。

——张载

29. 不畏浮云遮望眼，自缘身在最高层。

——王安石

30. 古之立大事者，不惟有超世之才，亦必有坚
韧不拔之志。

——苏轼

31. 沉舟侧畔千帆过，病树前头万木春。

——刘禹锡

32. 人生自古谁无死，留取丹心照汗青。

——文天祥

33. 天下之事，其得之不难，则其失之必易；其
积之不久，则其发之必不宏。

——王阳明

34. 风声雨声读书声声声入耳, 国事家事天下事事事关心。

——顾宪成

35. 千磨万击还坚劲, 任尔东西南北风。

——郑板桥

36. 天下事有难易乎, 为之, 则难者亦易矣; 不为, 则易者亦难矣。

——彭端叔

37. 海纳百川, 有容乃大; 壁立千仞, 无欲则刚。

—— 林则徐

38. 我劝天公重抖擞, 不拘一格降人才。

——龚自珍

39. 我自横刀向天笑, 去留肝胆两昆仑。

——谭嗣同

40. 春蚕到死丝方尽, 人至期颐亦不休。一息尚存须努力, 留作青年好范畴。

——吴玉章

41. 时间就像海绵里的水，只要愿挤，总还是有的。

——鲁迅

42. 人不可有傲气，但不可无傲骨。

——徐悲鸿

43. 逆水行舟用力撑，一篙松劲退千寻。

——董必武

44. 自觉心是进步之母，自贱心是堕落之源，故自觉心不可无，自贱心不可有。

——邹韬奋

45. 博闻强记，多思多问，取法乎上，持之以恒。

——茅以升

46. 才华是刀刃，辛苦是磨刀石，再锋利的刀刃，若日久不磨，也会生锈。

——老舍

47. 为学应须毕生力，攀登贵在少年时。

——苏步青

48. 如烟往事俱忘却，心底无私天地宽。

——陶铸

49. 勤能补拙是良训，一分辛劳一分才。

——华罗庚